Das Internet – ein Instrument
zur Berufsorientierung Jugendlicher?

Lothar Beinke

Das Internet – ein Instrument zur Berufsorientierung Jugendlicher?

PETER LANG
Frankfurt am Main · Berlin · Bern · Bruxelles · New York · Oxford · Wien

Bibliografische Information der Deutschen Nationalbibliothek
Die Deutsche Nationalbibliothek verzeichnet diese Publikation
in der Deutschen Nationalbibliografie; detaillierte bibliografische
Daten sind im Internet über <http://www.d-nb.de> abrufbar.

Gedruckt auf alterungsbeständigem,
säurefreiem Papier.

ISBN 978-3-631-57764-6

© Peter Lang GmbH
Internationaler Verlag der Wissenschaften
Frankfurt am Main 2008
Alle Rechte vorbehalten.

Das Werk einschließlich aller seiner Teile ist urheberrechtlich
geschützt. Jede Verwertung außerhalb der engen Grenzen des
Urheberrechtsgesetzes ist ohne Zustimmung des Verlages
unzulässig und strafbar. Das gilt insbesondere für
Vervielfältigungen, Übersetzungen, Mikroverfilmungen und die
Einspeicherung und Verarbeitung in elektronischen Systemen.

Printed in Germany 1 2 3 4 5   7

www.peterlang.de

Vorwort

Nach den von mir in den letzten Jahren vorgelegten Arbeiten über die Wirkungen der an den Prozessen der Berufsorientierung beteiligten Personen, Personengruppen und Institutionen, lege ich mit den jetzigen Befragungsergebnissen eine Studie vor, die sich mit der Brauchbarkeit des Internets – und damit der dort installierten Datenbanken – für die Berufswahl Jugendlicher beschäftigt. Damit ergänze ich die Untersuchungen über die Wirksamkeit der Betriebspraktika – „Das Betriebspraktikum" Bad Heilbrunn 1977 – der Elternberatung – „Elterneinfluß auf die Berufswahl", Bad Honnef 2000 und „Familie und Berufswahl" Bad Honnef 2002 – und der Hilfestellung aus den Freundeskreisen – „Berufsorientierung und peer-groups" Bad Honnef 2004 – um die Möglichkeiten der innovativen Ansätze des Internets. Wieweit können Jugendliche – allein oder im Kontakt mit der Schule oder der Berufsberatung – neue, ergänzende oder verstärkende, bestätigende und damit absichernde Informationen erhalten? Wieweit sind diese für Jugendliche auch dann nutzbar, wenn sie ohne die ordnende – systematisierende – Hilfe der Arbeitsagentur und ohne die Hilfe der didaktischen Aufarbeitung für den Unterricht auskommen müssen?

Lothar Beinke

Inhaltsverzeichnis

Einleitung 9
Generalisierbarkeit der für diese Studie erhobenen Daten 14
Integrierte Berufsorientierung 20
Lehrer als Berufsberater – qualifiziert? 22
Reform und Strukturvorschläge zur Lösung der Übergangsproblematik
von allgemein bildender Schule in die berufsbildenden Schulen 30
Fachdidaktik 32
Informationsbeschaffung als Instrument der Berufsorientierung 39
    Anwendung auf die Computernutzung 55
Erste Ergebnisse der Internetrecherche – als allgemeiner Überblick 60
Geschlechtsspezifische Differenzierungen 67
Schulformspezifische Differenzierungen = soziale Unterschiede 70
Die Print-Informationen 72
Ergebnisse der Sonderauswertung der Befragung zur Internetnutzung/
Berufswahl und der Schriften der BA in den Gesamtschulen Kassel,
Schenklengsfeld und Osnabrück 77
    Auswertung der Fragebogenergebnisse aus der Carl-Schomberg-
    Gesamtschule in Kassel zum Internetgebrauch 80
    Internet-Auswertung Schenklengsfeld 84
    Schriften 87
    Internetrecherche in der Kooperativen Gesamtschule Schinkel
    aus Osnabrück 89
    Internetrecherche 90
    Schriften 92
    Ergebnisse der Gegenüberstellung der befragten drei
    Gesamtschulen Kassel, Schenklengsfeld und Osnabrück 95
    Schriften 99
Zusammenfassung 102
    Schriften 109

Literaturverzeichnis 113
Anhang – Fragebogen 117

Einleitung

Berufswahl und die Beschaffung von Berufsinformationen, die zur Berufsfindung und anschließenden Berufsentscheidung erforderlich sind, sind ein sehr komplizierter Prozeß mit vielen Facetten und Einflüssen, wobei die verschiedenen Einflußfaktoren sowohl in ihrer Art und Struktur, als auch in ihrer Intensität noch unterschiedlich in einzelnen Regionen oder gar Schulen auftreten. Und das sollte die Jugendlichen in einem solchen Prozeß vor dem Schritt in eine Berufsausbildung/-tätigkeit nicht verwirren?

Die Lage der Schüler wird auch dadurch nicht erleichtert, dass unter Geisteswissenschaftlern ein verkrampftes Verhältnis zur Ökonomie besteht[1]). Es besteht geradezu eine Verweigerung, wirkliche Zusammenhänge zur Kenntnis zu nehmen. Interviews von Lehrern über Berufswahl in der Schule ergaben, dass ihrer Meinung nach für eine erfolgreiche Beratung zu diesen Problemen Kenntnisse aus der Wirtschafts-, Berufs- und Arbeitswelt nicht erforderlich seien[2]. Dies scheinen noch Relikte einer Gesellschaftskritik zu sein, die sich in den 70er und 80er Jahren noch drastischerer Vorstellungen bediente. Damals klagte ein Lehrer: „Der Verfasser hat in langjähriger Praxis mit Betriebspraktika immer wieder erleben müssen, dass Schülerfragen an den Betrieb – sowohl an die Betriebsleitung als auch an die Belegschaft – zurückgewiesen werden. Berichte anderer Lehrer bestätigen diese Tendenz, von der vorläufig gesagt werden kann: – sie entspricht nicht bester demokratischer Tradition; - sie ist kaum dazu angetan, Jugendlichen bei ihrer Suche nach gesellschaftspolitischen Standpunkten zu helfen; - sie ist töricht, weil das Verbot von Fragen noch nie verhindert hat, dass weitergefragt wird." – „Wenn Schüler ein Betriebspraktikum machen, ist das Recht der heranwachsenden Generation auf radikale Fragestellung nicht mehr selbstverständlich. Wir sehen uns dann mit der Tatsache konfrontiert, dass es einen gesellschaftlichen Bereich gibt, in dem die Reizschwelle für scheinbar Unzumutbares sehr niedrig liegt, einen Bereich, in dem Animositäten, Mißtrauen und falsche Autoritätsvorstellungen bei der Begegnung mit Schülern größer sind als anderswo in der Gesellschaft."[3]

Abgesehen davon, dass diese Schwarzmalerei nicht nur verzerrt, sondern falsch ist: Es ist nicht einmal belegt, dass durch extensive Fragemöglichkeiten die „Wirklichkeiten" zu erfassen sind. Durch Fragen Informationen zu erzwingen ist nur dann möglich, wenn diesen Fragen Gewalt hinzugefügt wird. Und wer stellt dann nach dieser „Wunschliste" eigentlich die Fragen – auch heute noch – in

---

[1] vgl. Zimmermann, Klaus F., Deutschland – was nun? München 2006, S. 174
[2] vgl. Beinke, Lothar, Berufsorientierung und peer-groups, Bad Honnef 2004, S. 56
[3] vgl. Reuel, Günter, Die Erkenntnismöglichkeiten von Schülern während eines Betriebspraktikums, in: Die Arbeitslehre, 1980

der Schule? Die Untersuchungen über Wirksamkeiten und Möglichkeiten der Sprache zeigen deutlich genug, dass der Informationsgehalt einer Auskunft nicht mit ihrer rigiden Verpflichtung zur Antwort wächst.

Wer also stellt in unserem authentischen Fall die Fragen: Die Schüler oder die Lehrer durch den Mund der – gedrillten – Schüler? Und woher kommt das Wissen, wenn man Fragen stellen will: Bei Schülern und Lehrern? Wenn es aber schon so massive Kritik an angeblich mangelhafter Öffnung gibt, wie ist es dann umgekehrt? Wo lassen sich Schule und Schulverwaltung denn auf die geforderte Kritik ein? Welcher Lehrer öffnet denn interessierten Eltern seine Klassentür?[1]
Ich weiß nicht, ob eine Öffnung für das pädagogische Geschehen sinnvoll wäre. Wer aber aggressiv die Öffnung bestimmter Institutionen fordert, dürfte bei der eigenen nicht haltmachen. Und wie wäre es mit der Kritik am Lehrerverhalten? Ist die sakrosankt? Man denke aber an einen Israel-Aufenthalt oder Nordirland. Wie soll man dort die extreme Forderung nach Offenheit realisieren?
Es kommt einem so vor, als wollte dieser Lehrer kraft Amtes und seines „Wissens" um die wirklichen Strukturen und die Macht- und Marktverhältnisse in unserer Gesellschaft die Schüler durch insistierendes, penetrantes Fragen, das die schützende Oberfläche der „political correctnes" durchdringt und die Macht der Institutionen entschleiert, zu Prätorianern des Klassenkampfes machen zu wollen, zur Avantgarde des Proletariats.
Das hat mit Aufklärung nichts zu tun, als dessen Instrument der Frager daher kommt. Aufklärung heißt bei ihm auch Verletzung der Persönlichkeitsrechte, wenn er ein absolutes Fragerecht und eine absolute Auskunftspflicht von Menschen zur Realisierung autonom gesetzter Bildungsziele fordert.

Worum geht es statt dessen und worum soll es in diesem Buch gehen?
Es geht immer wieder um die Berufswahl. Sie ist ein länger andauernder Prozeß, der schon mit der Entscheidung für eine bestimmte Schullaufbahn beginnt und als eine gestufte Abfolge von Bildungs-, Ausbildungs-, Weiterqualifizierungs-, Berufs- und Arbeitsplatzentscheidungen zu verstehen ist.
Da die gegenwärtigen Bemühungen nicht nur nicht nachlassen, sondern – z.B. über die Einführung von Betriebs- und Praxistagen – verstärkt werden, ist eine Auseinandersetzung mit Vorstellungen, die Probleme einer Berufswahl seien sekundär, da es den klassischen Beruf – und damit eine Ausbildung – für ihn und eine Berufswahl auf ihn hin nicht mehr gebe, erforderlich. Der Beruf ist durch die Merkmale Identifikation, Qualifikation, Komplexität und Kontinuität definiert und ist in seiner historischen Bedeutung ein sozio-kulturelles Gefüge. Dieses Gefüge ist gekennzeichnet durch konkrete und normierte Fähigkeiten und Kenntnisse, die in Ausbildungsordnungen festgehalten und im Ausbildungs-

---

[1] Es gibt sie übrigens, diese Lehrer, es gibt aber auch Betriebe, die sich öffnen.

system angeboten werden. Daraus ergibt sich, dass Berufe nach wie vor ihr jeweiliges Image haben. Sie signalisieren Status, Einkommenspotentiale, gesellschaftliche Wertschätzungen und Ungleichheiten. Wenn berufliche Strukturen und ihre Inhalte sich auch verändert haben, verabschiedet haben sie sich aus der gegenwärtigen Gesellschaft keineswegs.

Für Informationen und Beratungshilfen, die Berufswähler unterstützen sollen, eine für sie richtige und – wie es oft heißt – rationale Wahl zu treffen, sind – das wird immer wieder hervorgehoben – in erster Linie die Eltern wichtig. Sie beraten nicht nach den Fachgebieten und Sachinformationen über Berufe, deren Inhalte und Tätigkeitsmerkmale, auch weniger nach den künftigen Berufschancen. Vielmehr wollen sie zur Stabilisierung der schwierigen Lage ihrer Kinder beitragen.

In der Rangfolge der Beratungshilfen folgen nach den Eltern die Betriebspraktika, die zur Überprüfung des Berufswunsches der Jugendlichen führen sollen. Sie sind gestützt durch die von den Schülern selbst erworbenen Erfahrungen in z.T. praktischer Arbeit. Darüber hinaus bieten die Schulen Berufswahlunterricht an, organisieren Betriebserkundungen, veranstalten Elternversammlungen und laden Experten zu sachkundigen Informationen ein.

Neben diesen Beratungsagenten und über diese hinaus gibt es die verschiedenen, sehr differenzierten Angebote der Bundesagentur für Arbeit mit ihrem Berufsberatungsanspruch. Dieses Angebot setzt sich zusammen aus der individuellen Beratung der Berufsberater in persönlichen Gesprächen, den wegen ihrer herausgehobenen positiven Einschätzung durch die Schüler besonders geschätzten Berufsinformationszentren und den vielfältigen Druckschriften der Bundesagentur, die in großer Zahl zu einem wesentlichen Teil über die Schulen den Schülern Sachinformationen bieten.

Die Bundesagentur für Arbeit steht auch mit ihrem Bereich der Berufsberatung unter der Auflage, die enormen Mittel, die die Beratungspraxis in der oben dargestellten differenzierten Angebotspalette bietet, unter Kostengesichtspunkten zu reformieren. Einige Methoden und Mittel würden nicht effizient genug eingesetzt, ist ein Argument zur Reformanmahnung, weil z.B. die Berufsberatungsgespräche noch immer unter der Kritik der Absichten zur Berufslenkung stehen und leiden und die Druckschriften nach dem Gießkannensystem verteilt, also nicht zielgerichtet an die Klientel geführt würden. Auch die Materialfülle bietet nicht genügend Chancen, dass die Jugendlichen nach ihren Wünschen und ihren Bedürfnissen Auswahl treffen könnten.

Die Sparmaßnahmen werden auch unter Personalkostengesichtspunkten geführt und es wird versucht, mit mehr Technik kostensparend arbeiten zu können und

die Daten in Datenbanken gezielter Abfrage den Berufswählern zugänglich zu machen.
Da entsteht ein Problem bei der Informationsbearbeitung in den Datenbanken. Das ist die fehlende Ordnungsmöglichkeit der Nutzer, die Information auf den persönlichen Bedarf hin zu strukturieren. Die Datenbanken sind nicht interaktiv angelegt, so dass Hilfen während der Recherchen nicht möglich sind.

In anderen Bereichen und Fällen wurden Erkenntnisse über die Schwierigkeiten der Nutzung von Datenbanken von Dritten gewonnen, die erste skeptische Äußerungen auslösten.
Wir legen hiermit eine gezielte Untersuchung vor, mit der wir herausfinden wollen, in wie weit Jugendliche mit Informationsangeboten der Datenbanken zurechtkommen und wie sie sie bewerten. Wie die Probleme beschaffen sind, erfordert auch in diesem Falle – wie bei der Wirkung von Betriebspraktika, Eltern- und Freundeseinfluß[1] - mit den Instrumentarien der empirischen Sozialforschung die bestehenden Verhältnisse zu analysieren.

Einige Vorschläge Hellpachs sind hinsichtlich der Realisierungschancen sehr optimistisch gesehen, doch seine Beurteilungen der Jugendlichen in der Berufswahlphase erscheinen realistischer als die betreuungs- und verwaltungszentrierte Haltung der Berufsberatungsorganisationen heute.
Aber könnte die Schule allein diese Aufgabe schultern?

Das wollte Hellpach auch nicht. Er sah für die Berufsentscheidung die Chancen in einem Dreieck (wir würden heute sagen in einem Netzwerk): Familie – Zögling – Schule. Ich zitiere diesen Begründungszusammenhang in einer längeren Passage wörtlich. Man darf sich dabei an der damaligen Sprache, die uns heute etwas befremdlich pathetisch und sentimental erscheint, nicht stören: „Soll das Ergreifen eines Berufes zu einem sittlich verantwortbaren Akt veredelt werden, so muß der Jugendliche mit den Erwachsenen die Verantwortung teilen und die Voraussetzung dafür ist eine gemeinsam errungene Klarheit über jene drei Tatbestände, ohne die es eine gesunde Berufsentscheidung nie geben kann. Es ist klar, daß dabei die erwachsene Umgebung sich aus dem Elternhause und der Schule zusammensetzt. Auch für die Berufsentscheidung formiert sich somit das Dreieck der neuzeitlichen Erziehungsgemeinschaft: Familie – Zögling – Schule, ein (bildlich gesprochen) gleichseitiges Dreieck in der Idealität, weil der Zögling durch irrationale Faktoren, durch Gemütsumstände der Familie subjektiv vertrauter, durch rationale Kräfte aber, durch das intellektuelle Beobachtetsein der Schule objektiv bekannter ist – ein Dreieck aber, das in der Realität leider heut-

---

[1]In: Die Bedeutsamkeit des Betriebspraktikums, Bad Honnef 1996, wurden differenzierte Aussagen der Schüler festgestellt, die den Wert der Informationen realistisch einschätzen (Beinke, Lothar, u.a.)

zutage für große Massen die Brauchbarkeit des Elternhauses für den Berufswahlakt sehr, sehr abgeschwächt und damit die Verantwortung der Schule außerordentlich vermehrt zeigt."[1]

---

[1] Hellpach, Willy, Die Aufgabe der Schule auf dem Gebiet der Berufserziehung und Berufsberatung, in: ders. (Hg.), Handbuch: Die Schule im Dienst der Berufserziehung und Berufsberatung, Berlin 1927, S. 11

Generalisierbarkeit der für diese Studie erhobenen Daten

Hans Albert[1] bezweifelt für die historischen Realwissenschaften und für die theoretischen Wissenschaften, dass es eine sichere empirische Basis geben kann. Vielmehr bedürfen die Quellen stets der Identifikation und der Interpretation. Über die Erfordernisse der Quelleninterpretation hinaus, deren Kritik wir selbst auf die nicht ausreichende Generalisierbarkeit lenken, beanspruchen wir aber auch – wie die Autoren vorangegangener Studien – dass dieser hier vertretene heuristische Ansatz geeignet ist, auf das Problem aufmerksam zu machen. Er wird durch Stratifikation weiterer Erhebung ergänzt werden müssen.

Die Frage der Generalisierbarkeit empirisch erhobener Daten wird immer in enger Anlehnung an die Frage der Repräsentativität dieser Daten gestellt. Diese Frage läßt sich nur im Zusammenhang mit der Zielsetzung klären, die mit der Datenerhebung erfolgen sollte. So sagen Gerdsmeier/Lang „Die Paradigmen einer wissenschaftlichen Disziplin bestimmen die Forschungsstandards. Sie liefern Maßstäbe für die Beurteilung der Problemlösung und bestimmen die Anlage des Forschungsdesigns."[2] Dabei entwickeln sie ihre Ausführungen an den Grundsätzen, die in den einschlägigen Handbüchern zur empirischen Sozialforschung als verbindlich erklärt werden.[3]
Heinrich Ebel[4] hatte die konkrete Zielsetzung seiner Untersuchung zur Erklärung und Begründung des methodischen Vorgehens der Auswertung seiner Untersuchung vorangestellt, mit der er die ausbildungsfremde Verwendung der Ausbildungszeit in der betrieblichen Phase der dualen beruflichen Bildung messen wollte. Er wollte aus den Aussagen über den Arbeitsalltag Folgerungen über die Intensität der Ausbildung ziehen. Wir möchten herausfinden, welchen Informationswert die Datenbanken haben, die Informationen zur Verfügung stellen – oder stellen könnten – mit denen Kenntnisdefizite der Jugendlichen zu diesem Komplex ausgefüllt werden könnten.

---

[1] Albert, Hans, Kritik der reinen Erkenntnislehre, Tübingen 1987, S. 131
[2] Gerdsmeier, Gerhard/Lang, Hartmut, Generalisierungsprobleme bei empirischen Forschungen, Anmerkungen zur Planung und Auswertung von Forschungsergebnissen bei knappen Ressourcen und instabilen Umwelten, in: Beinke, Lothar (Hg.), Die Höhere Handelsschule als Teil des Bildungssystems in der Bundesrepublik Deutschland, Bad Honnef 1980, S. 313
[3] vgl. ebenda, S. 215
[4] vgl. Ebel, Heinrich, Die ausbildungsfremde Verwendung der Ausbildungszeit – eine schriftliche Befragung von Lehrlingen über ihren Arbeitstag, in: Lempert, Wolfgang/ Ebel, Heinrich (Hg.) Lehrzeitdauer, Ausbildungssystem und Ausbildungserfolg, Freiburg 1965, S. 276 ff.

Aus den grundsätzlich zur Verfügung stehenden Erhebungsmethoden

- teilnehmende Beobachtung
- passive Beobachtung
- mündliche Befragung
- schriftliche Befragung
- Auswertung von Sekundärmaterial

schieden die Beobachtungsformen aus, denn es ging um die Bewertung der Daten aus den Berufswahldatenbanken, die die Schüler/Schülerinnen durch Nutzung eigener – oder schuleigener oder BA-eigener – Computer suchen und die sie mit Informationen aus anderen Quellen vergleichen. Die mündliche Befragung hätte entweder den Unterricht stark gestört oder sie hätte sehr viel Zeit und Aufwand gefordert, die einzelnen Schüler zu befragen und Auswertung von Sekundärmaterial stand bei dieser Fragestellung auch nicht zur Disposition, blieb also nur die schriftliche Befragung mit besonders erstelltem Fragebogen.
Dieser Fragebogen[1] und die Fragebogenerstellung und Überprüfung wird in einem Sonderkapitel unten vorgestellt. Dabei werden dann auch der Kompromißcharakter der schriftlichen Befragung, ihre Besonderheiten und Schwierigkeiten behandelt.

Da repräsentative Daten durch Veröffentlichung der Markt- und Meinungsforschungsinstitute derart in der öffentlichen Meinung bekannt geworden sind, wird damit die Aussage in Verbindung gebracht, repräsentativ sei, dass die Aussagen innerhalb des Samples die gleiche Verteilung der Sozialdaten aufweisen wie die Gesamtbevölkerung, aus der das Sample gezogen wurde. In der öffentlichen Meinung wird repräsentativ also weitgehend in der Bedeutung von *gültig* angenommen, fast kann man schon sagen als *allgemeingültig*. Es wird dabei übersehen, dass diese *Gültigkeit* nur in bezug auf die repräsentativen Sozialdaten besteht.

Zweifellos ist es interessant zu wissen, welche Meinungen über eine Sache in der Bevölkerung existieren. Wesentliche soziologische Aussagen lassen sich aber erst machen, wenn differenzierte Zusammenhänge zwischen Meinungen und Sozialdaten festgestellt werden können. Die Feststellungsmöglichkeit ist aber erst gegeben, wenn auch noch die kleinsten Untergruppen statistisch rechenbar bleiben, sonst kommt man nur zu Aussagen wie die oben zitierte, in der der Zusammenhang sowohl mit der einen Größe als auch mit der anderen oder sogar mit einer verdeckten dritten bestehen kann. Statistisch rechenbare Unter-

---

[1] Der Fragebogen ist im Anhang wiedergegeben

gruppen von Sozialdaten verlangen aber ein riesiges Sample, wenn außerdem die Repräsentativität gewährleistet werden soll.

In vielen Fällen ist es aber gar nicht nötig, dass Ergebnisse repräsentativ sind.[1] Das gilt natürlich in erster Linie für Forschungsvorhaben, die sich auf Neuland bewegen und erst einmal Orientierungsdaten erstellen müssen. Das gilt unserer Ansicht nach aber auch, wenn nachgewiesen werden soll, dass bestimmte Vorkommnisse überhaupt vorhanden bzw. dass sie gravierend sind. Untersuchungen z.B., die darauf abzielen, Grundmaterial für Gesetze und Verordnungen zu beschaffen, benötigen keine Repräsentativität. Hier reicht es völlig aus, wenn gezeigt werden kann, dass bestimmte Abweichungen im Vergleich mit Fällen, die diese Abweichungen nicht zeigen, so bedeutsam sind, dass gegen sie eingeschritten werden müßte. Will man also untersuchen, wie die Datenbanken zu Berufswahlfragen per eigenem Computer genutzt werden und welcher Wert ihnen für die Entscheidung für einen Ausbildungsberuf zuerkannt wird, so reicht es aus, in einigen typischen Orten Daten zu erheben und dabei zusätzlich so viel Personaldaten aufzunehmen, dass sich personalbedingte (untypische) Abweichungen feststellen lassen. Diesen Versuch haben wir hier unternommen.

Gerdsmeier/Lang geben zu bedenken, dass die Setzungen, die bei Erhebungen unter dem Gesichtspunkt der Repräsentativität zu machen sind, überwiegend der schließenden Statistik und der Stichprobentheorie entstammen[2]. Deren Forderungen werden so gestellt, dass nur bei dem Vorhandensein der Voraussetzungen empirische Daten erlaubt seien. „Die umgekehrte Frage, was zu tun ist, wenn die Bedingungen, an die eine gehaltvolle Anwendungen der standardisierten Verfahren gebunden wird, nicht erfüllt scheinen, wird demgegenüber kaum erörtert."[3] Nun sei aber mit der Feststellung der Situation, dass für die erfolgreiche Anwendung eines derartigen Verfahrens die Voraussetzungen nicht erfüllt sind, nicht die Konsequenz verbunden, dass die *Fragestellung*, die mit Hilfe dieses Verfahrens behandelt werden sollte, allein durch diese Einsicht unwichtig geworden wäre. „Sollten die vorliegende Fragestellung oder das geplante Verfahren nicht so modifiziert werden können..., dass die für das Verfahren vorgegebene akzeptierten Voraussetzungen erfüllbar erscheinen..., legt die Lehrbuchmethodik offenbar mehr oder weniger bewußt und ausdrücklich den *Verzicht* auf eine empirische Behandlung der Fragestellung nahe."[4] Gerdsmeier und Lang scheint diese Konsequenz wenig akzeptabel.[5] Denn eine potentiell be-

---

[1] s. auch die Einführung in Kapitel 4 von W. Lempert, in: Lempert, W./Ebel, H., a.a.O., S. 214
[2] vgl. Gerdsmeier/Lang, a.a.O., S. 215
[3] vgl. ebenda
[4] ebenda, S. 216
[5] Der Ideologiegehalt, der dieser Konsequenz zugrunde liegt, wird auch von Adorno (vgl. Th. W. Adorno, Soziologie und empirische Forschung, in: ders. u.a., Der Positivismusstreit in der

deutsame Fragestellung würde einer ausschließlich spekulativen Betrachtungsweise vorbehalten. Will aber eine Wissenschaft theoretisches Wissen gewinnen, bestätigen, verbessern usw., dann versteht man unter Theorie Raum-Zeit-unabhängige kausale Aussagen, für die die Anwendungsbedingungen präzisiert sind, dann muß für die Sozialwissenschaften konstatiert werden, dass derartige Aussagen in ihnen sehr selten sind.

Gerdsmeier/Lang verlangen vielmehr, dass die empirischen Verfahren an die Eigentümlichkeit des Forschungsgegenstandes angepaßt werden. Wenn Regelverletzungen vorgenommen werden (Regelverletzungen in dem oben geschilderten Sinne bei Fehlen der Voraussetzungen oder nicht strenger Einhaltungsmöglichkeit der Voraussetzungen) dann hat es wenig Sinn darauf zu verweisen, dass eine Erhebung nicht repräsentativ sei und deshalb deren Befunde abzulehnen. Wenn der Forschungsgegenstand einem fortwährenden sprunghaften Wandel unterliege (Diskontinuität im Gegenstandsbereich) und wie jede stichprobenartige Erhebung aus prinzipiellen Gründen potentiell einmalig und unwiederholbar, dann – so Gerdsmeier/Lang – werde die Frage nach der Repräsentativität der Erhebung zu einer wertlosen Floskel.[1]

Wenn die Ausgangslage nicht die idealen Voraussetzungen für eine empirische Erhebung hergibt, ändert das nichts an dem grundsätzlichen Interesse, dass über den Gegenstandsbereich möglichst informative Aussagen gewonnen werden sollen.[2] Wenn man nun aufgrund der angestellten Überlegungen, insbesondere im Rückgriff auf Ebel und Gerdsmeier/Lang nicht die Konsequenzen ziehen möchte, sich im Falle von begrenzten Ressourcen und Diskontinuitäten auf reine Spekulation und bloße Phänomenologie zu beschränken, ist es erforderlich, nach Verfahren zu sehen, die auf die prinzipiellen Schwierigkeiten zugeschnitten sind. Dabei geht es darum, Reduktion von Ungewißheit zu erreichen. Das kann man
- durch Sicherung der Untersuchungsergebnisse
- durch Sicherung der Übertragung
- durch Sicherung der Verallgemeinerung
- durch Forschungsplanung, die auf die Aufdeckung von Heterogenität der erhobenen Merkmale abstellt.[3]

---

deutschen Soziologie, Darmstadt 1972, S. 86 f.) hervorgehoben. Er beklagt, dass in den Diskussionen der empirischen Sozialforschung Methodenfragen gegenüber den inhaltlichen überwiegen.

[1] Vgl. ebenda, S. 219
[2] vgl. ebenda, S. 222
[3] Erwähnenswert ist auch der Hinweis von Jung – (Jung, Eberhard, Arbeits- und Berufsförderungskompetenz, in: Schlösser, Hans Jürgen (Hg.), Berufsorientierung und Arbeitsmarkt, Berg. Gladbach 2000, S. 93-116) – dass im Sinne einer dichten Beschreibung und Erhebung qualitativer Interviews eine fundierte theoriebezogene Forschung erforderlich sei.

Bei den Fragebogen, die für eine Erhebung entworfen werden, sollte stets die gewählte Methode begründet werden. Dazu ist zu beachten, dass

- vergleichbare Befragungen ähnliche/gleiche Ergebnisse bringen
- und Ergebnisse in verschiedenen Regionen durchaus miteinander vergleichbar sind.

Nach dieser Auseinandersetzung mit methodenkritischen Vorwürfen ziehen wir den Schluß ziehen, den Gerdsmeier/Lang anregen: Wir wollten zur Klärung in der Berufsorientierung Jugendlicher in den Abschlußklassen der allgemein bildenden Schulen Erhebungen organisieren. Mit unserer Erhebung über das Verhalten Jugendlicher in den Abschlußklassen allgemein bildender Schulen im Prozeß der Berufswahl soll der Zugang zum Internet/zu den Datenbanken verglichen werden mit den bisherigen Informationsmöglichkeiten dieser Jugendlichen. Rechtfertigt die Verbreitung des Internetzugangs den Aufwand? Bringt ein Vergleich über die Wirksamkeit Aufschlüsse, sind diese Informationswege kombinierbar mit den bisherigen? Das Defizit, das wir vermuten, erscheint dem nicht neu und ist offenbar auch noch immer nicht behoben, der die Literatur zu dieser Thematik verfolgt.

„Das Bildungs- und Berufswahlverhalten Jugendlicher steht seit geraumer Zeit wieder im Mittelpunkt bildungs- und arbeitsmarktpolitischer Diskussionen" schrieben 1993 Schober/Tessaring[1] und es ist es heute noch. Es „... stelle in diesem Zusammenhang vielfach eine Art ‚black box' dar, über deren Ausprägungen, Veränderungen und Bestimmungsgründe wenig bekannt ist". Das ist nicht nur der Schwierigkeit geschuldet, die den Problemen inne wohnt, das ist auch eine Folge der Veränderungen, die sich auf diesem Felde ergeben.

Ergeben unsere partiellen, ausgewählten Daten, dass die Nutzung der neuen Informationstechniken und der elektronischen Datenspeicher für Erweiterungen der Berufswahlerkenntnisse unbedeutend bleiben – dann kann entweder

- stratifizierend auf diesen Erkenntnissen aufbauend die Basis für die Überprüfung der entwickelten Hypothesen erweitert werden und damit die Genauigkeit unserer Aussage verbessert werden
- oder die Hypothese als widerlegt fallengelassen werden.

Allerdings wird man in dem Versuch, in der Praxis erkannte Schwierigkeiten zu lösen, eine Hypothesenwiderlegung ausschließen, denn es geht ja in dem ersten

---

[1] vgl. Schober, Karen/Tessaring, Manfred, Eine unendliche Geschichte, Vom Wandel im Bildungs- und Berufswahlverhalten Jugendlicher, in: Materialien aus der Arbeitsmarkt- und Berufsforschung, Nr. 3/1993, S. 1

Zugriff zu einer aussagefähigen Analyse darum, bei dem bis hier wenig erfolgreichen Ansatz genaue Informationen zu gewinnen. D.h., man greift auf die erste Alternative zurück. Diesen Versuch wird man auch besonders deshalb wählen, weil in diesem Fall – und in allen ähnlichen Fällen bei der Absicht zur Reform eines Bildungsanspruchs – gleichzeitig mit dem gewonnenen Analyseergebnis – Hinweise auf die Verbesserung der methodischen Instrumentarien gefunden werden sollen.

Exemplarisch gehen wir von einem aktuellen Anlaß, der unter dem Stichwort „integrierte Berufsorientierung" diskutiert wurde, aus. Wir wollen daran auch das Problematische dieser Ansätze zeigen, zu deren Aufdeckung – auch wegen der Eilbedürftigkeit zur Verhinderung ungeeigneter Ansätze – Erhebungen wie die von uns gewählten gehören müssen.

Integrierte Berufsorientierung[1]

Abgesehen davon, dass dieses Modell auf einer bestenfalls partiellen Analyse der Schulverhältnisse aufbaut, die auch wenig reflektierende Substanz zeigt, kann man seinen pragmatischen Wert dennoch zur Diskussion stellen. Allerdings scheint er sich darin zu erschöpfen, Initiativen anzustoßen, die ohne wirklich berufsorientierende Theorieansätze auskommen.

Abgesehen von der Beratungsarbeit einzelner engagierter Lehrer – so der Entwurf – habe es für die Schule keinen systematischen Auftrag einer direkten Berufsberatung gegeben.[2] Die direkte Beratung sei traditionell dem Berufsberater zugeordnet gewesen. Die Ergebnisse aus dem Berufswahlunterricht und dem Schülerbetriebspraktikum zusammen mit den Schülerbetriebserkundungen habe man zwar als ein indirektes, aber ausreichendes Beratungssystem bewertet. Die Schüler können zwar heute in einem nie dagewesenen Umfang über Informationen zum Beruf verfügen. Diese sind ihnen aber nur dann nützlich, wenn sie durch die Schule gelernt haben, Informationen zu ordnen, sie in die eigene Denkwelt einzubinden und mit der Gefühlswelt im weitesten Sinne zu verbinden.

Eine erfolgreiche Beratungsarbeit setze voraus, dass dem jungen Menschen ein objektives Informationsmaterial[3] zur Verfügung stehe und dass er befähigt werde, Informationen verarbeiten zu können. Der didaktische Auftrag der Schule müsse sich auf eine allgemeine Berufsorientierung richten und z.B. über das Medium Betriebspraktikum hinaus arbeiten. Dazu durchlaufe die Berufsorientierung – wie wir diesen Prozeß jetzt begrifflich fassen – in zwei Phasen:

1. Phase: Allgemeine Orientierung mit den Elementen „Bezüge zur Berufs- und Arbeitswelt", „Betriebserkundung" und des „Schülerbetriebspraktikums".

---

[1] Diese Gedanken sind einem Entwurfspapier „Die Neukonzeption der berufsorientierenden Bildung in der Arbeit der Hauptschule und der Sonderschule – Aufbau einer neuen Beratungskultur" entnommen, die von Alfred Möllers vorgelegt wurde – Osnabrück, o.J., unveröffentlicht. Die Darstellung basiert auf den Analysen der Situation, wie sie dem Dezernenten im zuständigen Bezirk zugänglich waren und führte zu einem individuellen Eindruck, auf dem die Interpretation basierte. Sie ist die Rechtfertigung für die Initiative, mit der in den Schulen selbstentwickelte Modelle geplant und durchgeführt wurden, die in mehreren Großveranstaltungen – auch unter dem Aspekt der Werbung zur Nachahmung – prämiert wurden.
[2] Hier wird nicht deutlich, was Möllers meint: Vermißt er Regelungen, die die Allgemeinverbindlichkeit eines didaktischen Konzeptes vorgeben oder kritisiert er die schulpraktische Realisierung an den Schulen? Letztere bleibt ohne Belege Polemik, ersteres wird z.B. durch die Erlasse zu Betriebspraktika, Betriebserkundungen, Elternversammlungen widerlegt.
[3] Wer kann das bereitstellen?

2. Phase: Eignungsorientierung mit den Elementen „Berufswegplanung", „Berufsentscheidungsplanung" und dem Versuch eignungsorientierender Praktika.

Die zwei Phasen der Berufsorientierung sind als Inhalte des didaktischen Auftrages eher irritierend, besonders, weil vom Lehrer kaum für diese Phasen eine spezifische Eignung eingefordert wird. Wie wäre es möglich, z.B. ohne Kenntnisse der Produktionsbedingungen in technischer und ökonomischer Hinsicht, dass Lehrer auf die gegenwärtige Berufs- und Arbeitswelt vorbereiten könnten?

Diese Vorstellung von Berufsorientierung in der Schule drückt Hilflosigkeit aus, abgesehen davon, dass die Schule ihren Auftrag zur Anbahnung der Berufswahlreife verfehlt hätte, wären es wirklich nur engagierte Einzelne unter den Lehrern, die sich dieses Themas angenommen hätten. Hilflos wirkt das Konzept aber auch dadurch, dass der Auftrag der Schule zur Berufsorientierung auf eine allgemeine Kenntnis reduziert wird. Ein solcher Ansatz ist wenig Vertrauen erweckend. Das ist in der historischen Entwicklung nicht anders gewesen.

Wie wenig Vertrauen die Schule erworben hat, zeigt auch ein Blick in die Geschichte der Berufswahl. „... diese Schulen genügen den Ansprüchen nicht, denn sie sind nicht so eigentlich auf die Vorbereitung in den Handwerken, Manufakturen... eingerichtet, als es erforderlich wäre" referiert Stratmann[1] über die Versuche bereits im 17. – 18. Jahrhundert. Damals wurde auch schon die Alternative der eigenen praktischen Erfahrungen reflektiert. Eine „allgemeine" Berufsorientierung hielten schon die Bemühungen in der Anfangszeit der Berufswahlhilfe durch die Schule für nicht ausreichend.

Die Forderung nach allgemeiner Berufsorientierung wird im Zuge der Vorschläge der BA auf Erweiterung der Informationsmöglichkeiten über das Internet völlig obsolet. Die Vorschläge zum Surfen sind gerade wegen der individuellen Informationssuche mit diesem Medium auf die Unterstützung durch die Schule im Berufswahlunterricht angewiesen. Die weitere Entwicklung und Suche nach angemessener Beteiligung der Schule führte nach dem letzten Kriege zu erneuter Diskussion – um das Bildungssystem in Deutschland insgesamt und um die Vorbereitung auf die Berufswahl – und zur Einrichtung des Deutschen Ausschusses für das Erziehungs- und Bildungswesen (DA) mit seiner Konstituierung am 22. September 1953.

---

[1] Stratmann, Karlwilhelm, die Krise der Berufserziehung, Ratingen 1967

Lehrer als Berufsberater – qualifiziert?

Das vorgelegte Diskussionsbeispiel zeigt, wie wenig die Absichten des DA – Hendricks sagt, auch das Versagen des DA – bis heute in die Schulrealität eingegangen sind. Wir stellen die Diskussion um die Berufswahlvorbereitung des DA vor, mit der wir uns den Grundgedanken seiner Ausführungen durchaus verpflichtet fühlen und erinnern daran, was wir im vorangegangenen Kapitel ausgeführt haben, dass die Vorbereitung der Jugend auf den Beruf auch früher als unbefriedigend galt. Es ging auch immer darum, die Jugendlichen in der allgemein bildenden Schule mit den praktischen Anforderungen beim Ausüben beruflicher Tätigkeit bekannt zu machen. Damit sollten Entscheidungen für einen Ausbildungsberuf erleichtert werden.

Die Vorbereitung auf die Berufsausbildung unter Berücksichtigung der Chancen zur Gewinnung von Praxiserfahrung erfordert aber umfängliches Wissen über technische und ökonomische Zusammenhänge in Betrieben und der Volkswirtschaft, Kenntnis von spezifischen Betriebsabläufen, über Strukturen betrieblicher Hierarchien, berufliche Qualifizierungsanforderungen, die Wirkungen der Arbeitskräfteanforderungen und Arbeitskräftefreisetzungen auf dem Arbeitsmarkt von den unterrichtenden Lehrern. Dazu sind zwar keine rein ökonomischen und technischen Qualifizierungen für Lehrer forderbar, es ist aber gerade, damit Betriebspraktika in Abstimmung mit den Betrieben strukturell effektiv beraten und vorbereitet werden können, zwingend, dass die Kenntnisse der Lehrer über die Lektüre einer Tageszeitung hinausgehen, d.h. dass sie schon fachlich spezifische Kenntnisse brauchen, um in diesem Prozeß Beratungsergebnisse erzielen zu können.

Für die Schüler haben unter den Angeboten die Berufsinformationszentren einen hohen Rang bei der Bereitstellung von Berufsberatungsinformationen, sie schätzen deren Brauchbarkeit hoch ein. Die Berufsberater decken zwar nicht gleichrangige, aber in der aufgeführten Reihenfolge wichtige Aspekte für die Schüler ab.
Und was leisten die Lehrer? Sie erhalten bei Befragung in fast allen Studien schlechte Noten.[1]

Wer sich mit Schule beschäftigt, kann sich über dieses Ergebnis nicht freuen, im Gegenteil. Die Schule müßte die Chancen der Schüler über den Unterricht und auch über die informellen Gespräche in den Schulen verbessern. Es ist ihnen aber nicht gelungen, positive Ergebnisse in diesen Prozessen zu erzielen.

---

[1] Vohland, Ulrich, Berufswahlunterricht, Bad Heilbrunn 1980 – will bei diesem Befund der Schule den Ausgleich der defizitären Berufsberatung übergeben. Wie soll das gehen?

Gerade jetzt darf die Schule weitergehende Forderungen nicht abwehren, Kritik nicht immunisieren. Eine Immunisierung ist darin zu sehen, dass erhobene Daten dadurch in Zweifel gezogen werden, dass bestimmte Auswertungsverfahren erst einer Klassenanalyse oder einer Trennschärfenanalyse unterworfen werden müßten, bei Untersuchungen, die unter strengen Restriktionen durchgeführt werden müßten. Wenn lediglich methodisch im strengsten Sinne exakt durchgeführte Untersuchungen legitim sein sollen und weniger strenge Verfahren selbst um den Preis dann bleibender Unwissenheit wegfallen müßten, dann führten die Forderungen nach methodischer Rigidität zu einem Problem. Wir haben das im Kapitel über die Generalisierbarkeit ausführlich vorgestellt.[1]

Das schlechte Ergebnis des Abschneidens von Lehrern in den Augen der Schüler in bezug auf die Berufsorientierung dadurch zu rechtfertigen, dass diese Lehrer ein anderes Verständnis von Beratung hätten, nämlich Prozeßhilfe zur Selbsthilfe, verkennt die komplexen Zusammenhänge im Prozeß der Berufsorientierung, wo der Rückzug auf eine Prozeßhilfe zur Selbsthilfe entweder als Eingeständnis über eigenes Ungenügen in dieser Frage zu sehen ist, oder es ist die Arroganz desjenigen, der sich selbst nicht einem Forschungsprojekt aussetzt und auch nicht aussetzen will.[2] Und es ist schlicht unverantwortlich, zu negieren, dass es für die Entscheidungsfindung zu einem Beruf spezifischen Wissens über wirtschaftliche Zusammenhänge bedarf, Inhalte des Faches Wirtschaftslehre sind den Schülern Hilfen bei einer Berufsentscheidung und dürfen nicht vernachlässigt werden. Sind Lehrervorträge ohne hinreichendes Wissen über den Gegenstand evtl. wirksamer als Fachwissen?
Andererseits ist bei Lehrern durchaus Engagement zu finden, wenn es um die Berufsorientierung ihrer Schüler geht. Diese Lehrer verdienen Unterstützung und müssen enttäuscht sein, wenn ihnen unzulängliche Hinweise gegeben werden. Einen solchen Hinweis prüfen wir – pars pro toto – im Folgenden.

Wenn Lehrer z.B. versuchen, sich für einen Berufswahlunterricht Informationen zu beschaffen, dann scheint das Internet eine hilfreiche Einrichtung.
Wie weit kann die Selbstbeschaffung von Informationen im Internet das Problem der Informationsbeschaffung durch die Lehrer lösen?
Keineswegs durch eine Kompilation. Eine Kompilation liegt aber vor, wenn von Institutionen vorgelegte Materialien, die für einen Berufswahlunterricht relevant

---

[1] vgl. unsere Darstellung im Kapitel „Generalisierbarkeit" – S. 14 ff.
[2] Es wird bei dieser Interpretation einer didaktischen Trennung zwischen der Berufsorientierung einerseits und der Kombination wirtschaftlicher Unterweisung andererseits auch ignoriert, dass in den meisten Lehrplänen, die sich mit Arbeitslehre bzw. AWT befassen, sehr enge Zusammenhänge herangezogen werden.

sein wollen, lediglich aufgezählt werden.[1] Als Begründung reicht für eine solche Themenbehandlung nicht aus, dass die Vorschläge den Lehrern Hilfen geben sollen für die Unterrichtsvorbereitung. Denn eine solche Bemerkung ist trivial. Sie sind ja gerade deshalb vorgelegt worden. Es hätte vielmehr überprüft werden müssen, welche realistischen Chancen die Materialien für einen entsprechenden Berufswahlunterricht hätten. Wenn aber nicht einmal geprüft wird, ob die Jugendlichen im Prozeß der Berufswahl bei der Nutzung ihres Internetzuganges über die allgemein bekannten Wissensmöglichkeiten hinaus auch sich des Themas der Berufswahl annehmen, dann findet man durch einen solchen Beitrag keine Lösungen, sondern – durch unverbundene empirische Befunde Dritter und den grundsätzlichen Befund, dass fast alle Jugendlichen eine positive Einstellung gegenüber Computern haben – unbrauchbare Verknüpfungen.[2] Auf jeden Fall muß kritisch angemerkt werden, dass die quantitative Analyse, die herangezogen wird, als Basis für eine qualitative Nutzung des Computers unzulässig ist. Außerdem ist der Titel des Beitrages irreführend. Er sagt nichts zum Einsatz des Internets zum Berufswahlunterricht, sondern kompiliert eben lediglich die Einsatzmöglichkeiten des Internets im Berufswahlunterricht.

Die Berufsorientierung in der Schule wurde zwar bereits – nach ersten Ansätzen im 18. Jahrhundert – intensiv nach dem ersten Weltkrieg diskutiert. 1927[3] sollte – als Gegenmodell zur Arbeitsverwaltung – der Schule diese Aufgabe übertragen werden. Doch erst mit der Tätigkeit des DA gelang es, über die Diskussion seines „Rahmenplans" mit der Konzeption der neuen Hauptschule und deren tragendem Fach der „Arbeitslehre" Berufsorientierung fachlich dem Hauptschulcurriculum einzugliedern, wenngleich es noch intensiver Bemühungen bedurfte, sie zu einer tragenden Säule des damaligen Bildungsreformprojektes zu machen. Um die Entwicklung verständlich zu machen, soll dieser Prozeß zur Entstehung der Berufsorientierung als Aufgabe der Schule hier nachgezeichnet werden.

---

[1] vgl. Geise, Wolfgang/Speer, Sandra/Bahles, Ralf, Zum Einsatz des Internet im Berufswahlunterricht, in: Anforderungen der Wissensgesellschaft: Informationstechnologien und neue Medien als Herausforderung für die Wirtschaftsdidaktik, Schlösser, Hansjürgen (Hg.) Berg. Gladbach 2004, S. 188 ff.

[2] Auf diese Weise unterlaufen dann falsche Analogieschlüsse, wenn aus den allgemeinen empirischen Ergebnissen, dass mehr Jungen als Mädchen sich intensiv mit Computern beschäftigen, geschlossen wird, dass dies auch für die Thematik der Berufswahl gelte. Unsere Ergebnisse weisen nach, dass das Gegenteil richtig ist, dass Mädchen sich zur Berufswahlthematik intensiver mit der Computernutzung beschäftigen.

Das Ziel, das Internet als Informations- und Kommunikationsmedium könne vielfältige Möglichkeiten bieten, didaktisch gelenkt in den Berufswahlunterricht einbezogen werden und damit dem Schüler eine angemessene Informationsbasis für den Berufsfindungsprozeß eröffnen werde eher verfehlt. (Geise, W., u.a., a.a.O., S.174).

[3] vgl. Hellpach, Willy, a.a.O.

Immer wieder wird in den Diskussionen um die Berufsorientierung deutlich, dass sie noch nicht selbstverständlicher Unterrichtsbestandteil ist, m.a.W., dass ihre didaktische Verortung umstritten ist.[1] Eine Klärung der vielfältigen und widersprüchlichen Ansätze vermögen wir hier nicht zu geben, aber ein paar Ansatzpunkte zum Verständnis des Anliegens scheinen angebracht.

In den Diskussionen um den Rahmenplan des DA wurde auch die Thematik der Berufswahl angesprochen, aber kontrovers diskutiert. Hendricks[2] stellt einige Ausschußmitglieder vor, die das praktische Tun im Rahmen des Arbeitslehreunterrichts zum Verständnis und zur Bewältigung der modernen Arbeitswelt fördern und festigen wollen, denn es ging ihnen um eine verständige Berufswahl, die durch diese Tätigkeit angebahnt werden könnte. Diese Ausschußmitglieder setzten sich im laufe der Diskussion auch durch.[3]
Es bleibt jedoch eine heftige Diskussion, die auch Fehlinterpretationen enthält.[4]
Es geht um die Formulierung, ob der Beruf ein „didaktisches Zentrum" sein soll. Soll er das didaktische Zentrum der Hauptschule sein?

Uns scheint, die Interpretationsfehler oder auch die Mißverständnisse spiegeln sich weniger in den verschiedenen und widersprüchlichen Interpretationen nachfolgender Versuche zur Formung eines Curriculums Arbeitslehre[5], sondern vielmehr in der kaum als präzise zu bezeichnenden Formulierung des DA selbst. Man darf dem DA durchaus konzedieren, dass er sprachlich in der Lage gewesen wäre, diesen Abschnitt seiner Darlegungen so zu formulieren, dass sie weniger interpretationsbedürftig und interpretationsabhängig geworden wären. Wenn also hier die Formulierung zu solchen Konflikten führt, die angeblich für die weitere Ausprägung des Faches folgenreich gewesen ist und noch sein kann, so ist das dem Deutschen Ausschuß anzulasten. Dieser schreibt:
„Der Hauptschule erwächst also die Aufgabe, allgemeine Bildung... zu verwirklichen. Die Richtung, in der sie zu lösen ist, wird dadurch mitbestimmt, dass diese Hauptschule zugleich eine Eingangsstufe des beruflichen Bildungsweges ist, der den Beruf als didaktisches Zentrum hat."[6]

---
[1] Diese Kritik verkennt nicht, dass sowohl die Theorie der Berufsberatung außerhalb der Zuständigkeit der Bundesagentur für Arbeit einerseits, als auch die Curriculumsentwicklungen andererseits seit den Vorgaben des DA weitergeführt wurden. Dass noch Mängel zu beklagen sind, liegt auch an der bürokratischen Schwerfälligkeit der Umsetzung bildungspolitischer Absichten von den Entwürfen in die Schulwirklichkeit.
[2] Hendricks, Wilfried, Arbeitslehre in der Bundesrepublik Deutschland, Ravensburg 1978
[3] vgl. ebenda, S. 16 f.
[4] ebenda, S. 27 ff.
[5] Blankertz, Herwig, Ein Beispiel: Strategie zur Entwicklung des Lehrplans für das Fach „Arbeitslehre, in: ders., Theorien und Modelle der Didaktik, München 1971
[6] DA, a.a.O., S. 21

Wenn abweichend davon Blankertz die Hauptschule zur Eingangsstufe des beruflichen Bildungsweges erklärt, und diese Schule ihr didaktisches Zentrum im Beruf finde, so erscheint mir in beiden Fällen, dass das Fach Arbeitslehre als Hauptschulfach bei der Konstruktion sowohl des DA als auch bei Blankerts im Vordergrund steht.
Auch mit Stratmann legt sich Hendricks an. Dabei wird Stratmann als Schüler von Heinrich Abel vorgeworfen, dass er dessen Position übernommen habe, wenngleich Hendricks durch Vergleich der Vorlagen und der Endtexte festgestellt hat, dass der DA sich letztlich gegen Abel (in dessen präziserer Vorstellung) durchgesetzt habe. Wenn sich auch der DA (allerdings nicht präziser) durchgesetzt hat, dann war die Diskussion noch keineswegs zu Ende, denn Abel, sein Schüler Stratmann und Blankertz haben weiterdiskutiert und diese Zielsetzung des Faches aus der Unschärfe des DA herausgeholt und zu seiner Präzisierung beigetragen, damit Schulpolitik und Lehrerschaft sich konkreter der Sache annehmen konnten. Stratmann hat dann die Empfehlung zum Aufbau der Hauptschule so interpretiert, dass sie den Beruf als didaktisches Zentrum der Hauptschule setzte.

Wenn also die weiteren Beschäftigungen mit dem Fach Arbeitslehre, mit dem didaktischen Zentrum der Hauptschule, nicht im Sinne des Ausschusses gelegen haben,[1] dann lagen sie vielleicht im Sinne und im Interesse der Arbeitslehredidaktiker und wahrscheinlich auch der Lehrer, die ja klarer wissen mußten, ob nun die Hauptschule als Eingangsstufe des beruflichen Bildungsweges selbst zum beruflichen Bildungsweg gehöre oder als Stätte der Allgemeinbildung doch diesem – wenn auch als Eingangsstufe – beruflichen Bildungsweg vorgelagert bleiben sollte.
Mit dem Vorschlag zur Neukonzeptionierung des Bildungssystems in der Bundesrepublik Deutschland hat der Deutsche Ausschuß[2] in seinem Rahmenplan – was unsere Fachthematik und besonders auch unsere Fachdidaktik in der weiteren Interpretation auch des Berufswahlunterrichtes angeht – die Ausgangssituation beschrieben, die nach seiner Einschätzung vorlag und seiner Einberufung zugrunde lag. Gleichzeitig hat er damit auch den Arbeitsauftrag umrissen.

Vielleicht ist es auch möglich, mit dem Rückgriff auf die Absichten des Deutschen Ausschusses, selbst entwickelt aus dem Rahmenplan, zumindest für Teile der Arbeitslehre – hier besonders der Berufsorientierung – eine breitere konsensuelle Basis zu finden.

---

[1] ebenda, S. 29 f.
[2] Veröffentlichung des Deutschen Ausschusses für das Erziehungs- und Bildungswesens, Folge 3, S. 8-10

Zunächst war die Absicht des DA pragmatischer Natur. Die besonderen Belastungen des damaligen Schulsystems mit dem immer stärker werdenden Drang zu weiterführenden Schulen sollten – wenn auch vielleicht nur in Ansätzen – gemindert werden. Das Aufstiegs- und Sicherungsbedürfnis sei allgemein in der Gesellschaft vorzufinden, aber es könne kaum noch die für jeden Aufstieg oder Abstieg im Sozialgefüge notwendige Beweglichkeit erlebt werden. Beides, Sicherung des Status' und Aufstieg, seien nur durch Bildung und Leistung zu erringen. Bereits in der Einführung der Grundschule würden die Weichen zu dieser Situation, zu dieser Entwicklung gestellt. Er sah aber nicht nur individuelle Vorstellungen vom sozialen Aufstieg oder Schutz vor sozialem Abstieg gegeben, sondern auch die Notwendigkeit zu höheren Leistungen, zu höheren Leistungsanforderungen, wenn er auch diese nur allgemein formuliert. Dazu sei eine Erhöhung der Formalkriterien beim Berufs- oder Ausbildungseintritt zu fordern für den „Anschluß nach oben".[1]

Er verstellt sich nicht den Argumenten, dass der Nachwuchs eine gehobenere Schulbildung brauche, aber ob der Andrang zu den weiterführenden Schulen das auffangen könne, diesen Bedürfnissen entsprechen könne, stellt er auch dadurch in Frage, dass die Notwendigkeit, die dafür erforderlichen Begabungen zu erkennen, nicht gegeben sei. Er plädiert also durchaus für Realisierung von Aufstiegswünschen, läßt sie aber nur für diejenigen gelten, die auch entsprechend „begabt" sind. Er unterstellt und fordert gleichzeitig, dass es eine Schule gibt, die Begabung produziert: und zwar genau so viel, wie für qualifizierte Ausbildung in der Gesellschaft gebraucht wird.

In ihrer Bilanz zur Arbeitslehrediskussion machen Voelmy u.a.[2] für die Auseinandersetzung um die Arbeitslehre vor allem zwei Ebenen aus:

- Die nach wie vor bestehende Unklarheit, welche Ziele und Aufgaben speziell das Fach Arbeitslehre und welche Ziele und Aufgaben von eventuell anderen Fächern übernommen werden sollen zur Vorbereitung der Schüler auf die Arbeits- und Wirtschaftswelt. Diese Diskussionen reichen von der Beschränkung der Arbeitslehre auf Inhalte von Technik und Wirtschaft bis hin zu umfassenden Konzeptionen einschließlich der Freizeitpädagogik.
- Die Arbeitslehre ist zum Anlaß und Anlauf genommen worden, gesellschaftskritische Positionen zu beziehen, die aus den verschiedensten Richtungen sich des Faches annehmen wollen, und damit steht die Arbeitslehre im Kreuzfeuer ideologischer Kontroversen.

---

[1] ebenda, S. 8
[2] Voelmy, Willi/Mende, Klaus-Dieter/Weber, Norbert H., Arbeitslehre – Bilanz 72, Weinheim und Basel 1973

In einem Grundkonsens sind drei Problemkreise zu finden:

- grundlegende Arbeitshaltungen und –einstellungen
- Einführung in die Wirtschafts- und Arbeitswelt
- Berufsorientierung

Ad 1: Hier geht es lediglich um die fachliche, systematische Weiterführung der traditionellen Arbeitstugenden.
Ad 2: Diese Bemühungen werden unterteilt in den gesellschaftlich-politischen Aspekt, in den ökonomischen Aspekt und in den technisch-technologischen Aspekt.
Ad 3: Die Berufsorientierung wurde in fast allen Arbeitslehre-Richtlinien und Lehrplänen in Anlehnung an den Deutschen Ausschuß nicht als Berufslenkung oder individuelle Berufsfindung interpretiert, aber in allen Konzeptionen die Notwendigkeit hervorgehoben, den Jugendlichen mit Hilfe des Arbeitslehreunterrichts eine „vernünftige Berufswahl" zu ermöglichen. Begrifflich wird das unter „Berufsorientierung" gefaßt oder unter „Hinführung zur Berufswahlreife".

In dieser Berufsorientierung gibt es zwei unterschiedliche Akzente:

- Ausgangspunkt ist die formale „Berufskundliche Information", d.h. Aufklärung über die Vielfalt der Berufe und die verschiedenen Anforderungen. Die Jugendlichen sollten ihre Entscheidung von einer sachlich fundierten Beurteilung der eigenen Kenntnisse, Fähigkeit, Fertigkeiten und Neigungen bestimmen lassen.
- Da Berufsinhalte in der industriellen Entwicklung einem ständigen Wandel unterworfen sind und die technische Entwicklung Veränderungen verstärkt, sollten immer mehr gleichartige Grundkenntnisse und Grundfertigkeiten, die überall vorausgesetzt werden müssen, vermittelt werden.

Georg Groth[1] hat den Vorstellungen des DA eine pädagogische Theorie der Parteinahme entgegengesetzt, denn die Jugend habe das Recht auf eine eigene Zukunft. Die gesellschaftlichen Veränderungen wie die zunehmende berufliche Mobilität, zunehmende Verwissenschaftlichung der Arbeitswelt und wachsende Interdependenz wirtschaftspolitischer und technischer Entwicklung müßte als humane Chance von der Didaktik aufgegriffen werden. Dazu sei die Transparenz wissenschaftlicher Argumentation, und damit die wissenschaftliche prinzipielle Überprüfbarkeit der Information über die Arbeitswelt notwendig. Es rei-

---

[1] Groth, Georg, Arbeitslehre-Diskussion auf Umwegen, in: Pädagogische Rundschau, 4/1970, 24. Jahrg., S. 299 - 319

che nicht, wie Franz/Meya[1] vorschlagen, die Disponibilität in der Verhaltenssteuerung zu Pünktlichkeit und Ordnung.

Groth distanziert die Arbeitslehrekonzeption der Berliner Schule aber auch von Gustav Grüner[2]. Da das Fachwissen der Lehrer für den Unterricht des neuen Faches nicht ausreichend sei, weil nicht gelernt, soll ein spezifisches Fachstudium eingerichtet werden. Aber die Berufsfindung – Teil des Faches Arbeitslehre – ist nicht als durchgängiges Unterrichtsprinzip aller allgemeinbildenden Schulen anzusehen – sagt Groth – denn die Lehrer, die wegen ihrer Sozialerfahrung und wegen der räumlichen Trennung Arbeitswelt und Wohnung unfähig seien, den Unterricht in Arbeitslehre zu erteilen, sollen den Unterricht auf berufskundliche Aufgabenstellungen ausrichten.

---

[1] Franz, Johannes/Meya, Heinrich, Arbeitslehre im Unterricht der Hauptschule, 2. Auflage, Bochum 1968
[2] Grüner, Gustav, Technische und wirtschaftliche Bildung in der Hauptschule, in: Die deutsche Schule, 1968/9, S. 309

Reform und Strukturvorschläge zur Lösung der Übergangsproblematik von allgemein bildender Schule in die berufsbildenden Schulen

Ein weiterer Lösungsvorschlag kam demgegenüber von Dibbern/Kaiser/ Kell.[1] Sie haben gefordert, bei der Berufsorientierung die berufliche Realität voll zu erfassen.[2] Sie stellen fest, dass der Übergang von der Schule in das Berufsleben durch eine statische Berufsauffassung und unzureichende Information geprägt sei. Sie verstehen den Prozeß interaktiv, d.h. er vollzieht sich in Stufen der Informations- und Erkenntnisgewinnung. Deshalb fordern sie, Berufsfeldkurse einzurichten. Die Berufsfeldkurse wären in der beruflichen Grundbildung fortzusetzen, die auch nach Berufsfeldern konsequent zu organisieren wären. Darin könnten Praktika ihren spezifischen Stellenwert haben, aber eine weiterführende informations- und erkenntnisfördernde Funktion könnten sie erst gewinnen, wenn die Voraussetzungen dafür geschaffen wären.

Dieses Konzept ist schon im Ansatz – aber dann auch durch die weitere nicht programmgemäß erfolgte Einrichtung von beruflicher Grundbildung – gescheitert. Gescheitert ist allerdings insbesondere die Berufsfeldkonstruktion als ein Aggregat verwandter Berufe, auch wenn sie nur vorläufigen Charakter haben und einer permanenten Kontrolle und Korrektur unterworfen sein sollten. Außer den Strukturmängeln ist allerdings auch die Forderung nach prinzipieller Vorläufigkeit und permanenter Kontrolle und Korrektur illusorisch bei der Schaffung für die Schule brauchbarer Organisationen und Strukturen. Sie erscheint auch als Alibi und Eingeständnis der kaum gründlich strukturell und inhaltlich durchdachten Konzeption.[3] Ein konsensualer Kern schälte sich aus der Diskussion heraus: Berufsorientierung als Hilfe zur Anbahnung der Berufswahlhilfe, orientiert an der beruflichen Realität, ist eine unverzichtbare Aufgabe, die mit dem Fach Arbeitslehre den allgemein bildenden Schulen – besonders der Hauptschule – aufgegeben ist.

---

[1] Dibbern, Harald/Kaiser, Franz-Josef/Kell, Adolf, Berufswahlunterricht in der vorberuflichen Bildung, Bad Heilbrunn 1974

[2] Die volle Erfassung der beruflichen Realität dürfte aber statische Elemente der Berufsauffassung implizieren, die einer prozeßhaften Gestaltung im Wege stünde.

[3] Das Urteil von Eberhard Jung fällt allerdings positiver aus – vgl. Jung, Eberhard, Berufsorientierung als pädagogisch-didaktische Gesamtaufgabe, in: Unterricht Wirtschaft, Heft 15 (3/2003), S. 47-53. Es gelte noch immer, die von Dibbern/Kaiser/Kell definierten Hauptergebnisse einzulösen (S. 49). Allerdings sieht Jung den gegenwärtigen Zustand eines „zeitgemäßen Arbeits- und Berufsfindungsunterricht" nicht als zufriedenstellend an. Der Grund dafür sei: die Nichteinlösung der Gutachtenskonzeption bedeute deren Mängel. Andererseits ist seine Mängelliste zur Auslösung der Krise der Berufsorientierung beeindruckend und in der Schlußfolgerung plausibel – Verhinderung der Etablierung der Arbeitslehrekonzeption als allgemeinbildendes Bildungsgut (ebenda) und damit Verhinderungsgrund, dass Berufsorientierung ein wesentlicher Teil der vorberuflichen Bildung wurde.

Nach der Einführung des Faches Arbeitslehre und der weiteren Diskussion und den Maßnahmen zur Einführung des Faches in den verschiedenen Bundesländern – so stellten Lange/Neuser fest – gab es trotz aller Unterschiede Einigkeit über die Notwendigkeit einer Hinführung zur Berufs- und Arbeitswelt durch die allgemein bildende Schule.[1]
Das vertritt auch Kledzik, der acht Intentionen nennt, die in allen Bundesländern anerkannt seien. Lange/Neuser stellen dazu abschließend fest, „dass die Schüler ein Bedürfnis nach einer allgemeinen Berufsorientierung haben und dass dieses durch die situative Aufarbeitung des Übergangs von der Schule in die Arbeitswelt durch die Thematisierung von Berufs- und Ausbildungsproblemen und durch die Schaffung von handlungsorientierter Berufswahlkompetenz befriedigt werden."[2] Wesentliche *individuelle* Elemente der Berufsorientierung würden durch eine pauschale Anwendung des gesellschaftlichen Ansatzes allerdings didaktisch vernachlässigt.

---

[1] Lange, Elmar/Neuser, Heinz, Die Berufswahlvorbereitung durch Berufsberatung und Schule: Bestandsaufnahme und Ansätze zur Weiterentwicklung, Teil 2, in: Mitteilungen der Arbeitsmarkt- und Berufsforschung 1985/3, S. 369
[2] ebenda, S. 372

Fachdidaktik

Die Individualisierung – damit ist nicht eine Vereinzelung der Bewerber gemeint, vielmehr sollen die Jugendlichen in ihren individuellen Ansprüchen und Möglichkeiten gefördert werden[1] – hängt sicherlich unmittelbar mit den Informanten, ihrem Status, ihrem Einfluß und deren technischer Ausstattung zusammen. Dabei können

- technisch fundierte Informationsträger – z.B. Broschüren oder Flyer – wegen der Auswahlmöglichkeiten durch den Berufswähler einer Individualisierung förderlich sein,
- sie können aber auch dadurch Defizite haben, dass sie auf gezielte Wünsche der Berufswähler nur dann eingehen, wenn diese Wünsche bei der Erstellung der Medien berücksichtigt wurden.
- Personenbezogene Informationsträger berücksichtigen die individuellen Bedürfnisse mit Engagement, positiver Zeitbudgetierung, gleichgerichteten Interessen – z.B. potentiell Eltern und Freunde.

Diese Informationsträger können die Individualisierung durch Routine bei der Beratung verspielen.

Durch die große Verbreitung von Personal-Computern auch privat steigt die Datenbanken mit ihrer technischen Ausstattung in den Rang wichtiger Beratungsträger auf. Ob sie sich nach den oben vorgestellten Kriterien der Forderung nach Individualisierung zuneigen, bedarf einer gezielten Erforschung der vorfindlichen Verhaltensweisen der interessierten Jugendlichen.
Mit den Versuchen, das Surfen im Internet zum Finden individuell relevanter Berufsinformationen als neuen, ergänzenden Bestandteil der Berufsorientierung Jugendlicher zu machen, wird die bisherige Struktur erweitert: Berufsberatung – Schule – Eltern/Freunde und Selbsterfahrung durch Praktika bekommen eine Ergänzung. Diese Erweiterung darf nicht mißverstanden werden als lediglich ein Suchvorgang mit erweitertem technischem Anspruch und qualitativen Möglichkeiten.
Aus den bisherigen Forschungen über die Wirksamkeit darf die Vermutung geäußert werden, dass sich die Schule im Internet nicht ohne weiteres als konstruktive Ergänzung der bisherigen Informationsangebote einordnen läßt oder gar ihnen überlegen sein könnte.
Dieser Vorgang soll als eine Erweiterung des Anspruchs der amtlichen Berufsberatung gesehen werden, die eigenen Omnipotenzansprüche durch instrumentellen Einbezug der Berufswähler selbst zu maximieren. Damit wird der Bera-

---

[1] Beinke, Lothar, IT-Kompetenzen – Brücke in die Zukunft? Vortrag im gleichnamigen Symposium, Osnabrück 23. März 2007

tungsvorgang völlig reduziert auf die Informationssuche, deren Verarbeitung in die Kompetenz derjenigen gelegt wird, die gerade hier den entscheidenden berechtigten Anspruch haben, dass Information ihrem Bedarf entsprechend von der Beratung selektiv aufbereitet – didaktisiert – angeboten wird. Um das Problem für die jugendlichen Wähler mit einem fiktiven Exempel deutlich zu machen: Ein potentieller Käufer im Supermarkt vor dem Konservenregal fände auf allen Konserven nur Labels mit dem Namen (evtl. einem Bild) des Inhalts. Um wählen zu können müßte er – da die Informationen nicht selektiert werden können – alle Konserven öffnen und prüfen.

Wir alle als Konsumenten begrüßen, dass die Konserven in den Regalen der Supermärkte mehr Informationen von sich geben.

Um diese Erweiterung der Instrumentarien zur Berufswahl und die damit geschaffene Verdichtung der Komplexität verstehen zu können, müssen wir an die Diskussion zurück, die am Anfang stand, als in der Bundesrepublik Deutschland nach der Bildungsreform der Deutsche Ausschuß für das Erziehungs- und Bildungswesen die Berufsberatung als Teil des neu geschaffenen Faches Arbeitslehre gründete.

Noch vor dem Gutachten von Dibbern u.a. und weiteren Versuchen, sich dem Thema der Berufsorientierung zu nähern, hatte Walter Jaide[1] mit seinen Publikationen seit Mitte der 60er Jahre bis zum Ende der 70er Jahre die Diskussion um die Berufswahlhilfemöglichkeiten in der Schule weitgehend mitbestimmt. Seine Vorschläge seien nur vor dem Hintergrund einer festen Vorstellung von Rationalität verständlich, denn nur dadurch könne ein empirisches Verhalten (der Schüler – LB) enttäuschen,[2] kritisiert Heiko Steffens[3] gegen Ende der Wirkungszeit Walter Jaides, der als Professor für Pädagogik an der Pädagogischen Hochschule Hannover hier eine anfängliche Lücke in den Aktivitäten neben der BA in der Inhaltsbestimmung der Berufsorientierung zusammen mit dem damals neu eingerichteten Fach Arbeitslehre ausfüllte. „Die Forderung, der Berufswahlprozeß solle kundig und tolerant auf die Berufswelt ausgerichtet sein, kann doch in operationalisierter Form nur heißen, dass der Berufswähler über alle wesentlichen Informationen verfügt, die sein Begabungs- und Persönlichkeitsniveau betreffen, die aktuelle Lage auf dem Arbeitsmarkt kennt sowie das gesellschaftliche System und seine Entwicklung überblickt. Darüber hinaus muß er seiner Wertordnung sicher sein, denn diese allein erlaubt ihm, diejenige Alternative aus einer großen Anzahl von Möglichkeiten zu wählen, deren Verwirklichung ihm den größten Nutzen bringen wird. Der Berufswähler dieses Typs hat auch eine

---

[1] Jaide, Walter publizierte 1961 „Die Berufswahl", eine Schrift, die s.Z. weit beachtet wurde.
[2] Enttäuschung wird als eine erhebliche Abweichung von der Sollvorstellung definiert.
[3] vgl. Steffens, Heiko, Berufswahl und Berufswahlvorbereitung, Ravensburg 1975, S.142

Rangordnung zwischen ökonomischen, sozialen und personalen Werten hergestellt."[1]

Mit seinem Rationalitätsbegriff erwartet Jaide von den Jugendlichen eine objektive Leistungsfähigkeit hinsichtlich der Verarbeitung von Informationsmassen, deren Bewältigung streng genommen von niemandem geleistet werden kann. Wie konnten solche strengen Erwartungen, deren empirischer Gehalt und deren empirische Überprüfbarkeit ganz unreflektiert unbeachtet blieben, einen solchen Einfluß auf die Diskussion ihrer Zeit nehmen?[2] Es ist ein Exempel dafür, wie leichtfertig in der Pädagogik Sollensforderungen ohne die Einsicht vertreten werden, dass ihre Gültigkeit sich erst empirisch bewähren müßte.

Deshalb muß die Theorie des beschränkten und intendierten Rationalverhaltens als Erklärungsinstanz für den Berufswahlprozeß verworfen werden. Individuelle, kognitive und sozialisationsbedingte Beschränkungen der Rationalität und auch die durch gesellschaftliche Verhältnisse oktroyierten Entscheidungsprozessen führen zu einer Minderung der Fähigkeit zur Rationalität, bevor die Chance für eine aktive Informationsnachfrage wahrgenommen werden kann. „Weiterhin wird behauptet, dass das Rationalitätspostulat im strengen Sinne dem Handelnden untragbare Verhaltenslasten in punkto Informationsbeschaffung und –verarbeitung aufbürdet, ohne ihm den Ausweg zu lassen, sich nach heuristischen Prinzipien intelligent aus der Affäre zu ziehen."[3] Diese Kritik an dem übergewichteten Rationalitätspostulat sei allen Vertretern der technisch gestützten – nicht selten high-technisch gestützten – Berufsberatung der Agenturen für Arbeit ins Stammbuch geschrieben, aber auch den Gutachtern Dibbern/Kaiser/Kell, die sich weitestgehend auf die Führerschaft der Bundesagentur für Arbeit im Prozeß der Berufswahl mit dem Zentrum der Berufsorientierung eingelassen haben.

Das Gutachten von Harald Dibbern, Franz-Josef Kaiser und Adolf Kell haben wir allgemein oben vorgestellt. In dem Zusammenhang der Informationsverarbeitung soll es darauf befragt werden, was es zur Individualisierungsforderung beiträgt.

---

[1] Steffens meint, dass Jaide sich nur gelegentlich der problematischen Implikationen seiner Forderungen bewußt wurde, nämlich dann, wenn er den Berufswahlvorgang, nämlich sachlichen Umgang mit der Umwelt, mit der menschlichen Mitwelt und der persönlichen Eigenwelt in differenzierter Weise abzustimmen, als sehr schwierig bewertete.
[2] Noch in der Hamburger Lehrlingsstudie – Wilfried Laatz, a.a.O. – wird den Eltern kein angemessenes Informationsniveau unterstellt – auch mit dem Argument des geringen Rationalitätsgehalts in ihren Ratschlägen – sie berieten nicht sachgerecht, so dass die Berufsberatung in die Lücke springen müsse (sie!). S. 88
[3] Steffens, Heiko, a.a.O., S. 142

Berufsorientierung wird nach diesem Gutachten verkürzt auf die Bundesagentur für Arbeit und die Schule. Zwar sollen die Formen der Berufsaufklärung aus ihrer Vereinzelung gelöst werden. Die Mitwirkungen von Eltern, Peer-groups und die Betriebspraktika und Betriebserkundungen werden mit ihren durchaus selbständigen Möglichkeiten nicht in das Curriculum einbezogen. Aber wenn sich diese Informanten und Helfer nicht institutionell in ein Curriculum einordnen lassen, sind sie doch Einflußnehmer auf das System Berufsorientierung. Betriebspraktika mit ihren berufsorientierenden Maßnahmen werden als zu spät angesetzt kritisiert. Ihnen selbst wird aber keine eigenständige Funktion zuerkannt.

Es ist ein erheblicher argumentativer Mangel bei Dibbern/Kaiser/Kell, dass sie auf die kritischen Aspekte und die kritischen Ansätze, die zur Berufsberatung der Bundesagentur (vormals Bundesanstalt) für Arbeit nachdrücklich seit Jahrzehnten geäußert werden, nicht eingehen. Statt dessen wird eine Zusammenarbeit von Schule und Berufsberatung unter didaktischen Gesichtspunkten vorgeschlagen und die Lernziele des Faches Arbeitslehre bleiben identisch mit den Berufsorientierungsmaßnahmen der Agentur. Die Zusammenarbeit zwischen Berufsberatung und Schule wird – weil es nur so realisierbar sei – *nur* in einer curricularen funktional integrierten Form als effektiv eingeschätzt, nämlich als Berufswahlunterricht. Das heißt doch, dass der Berufswahlunterricht auch von Vertretern (Berufsberatern) der Bundesagentur für Arbeit gehalten oder mitgestaltet werden soll.

Dibbern/Kaiser/Kell kommen aber bei der Mitarbeit der Berufsberater für den Berufswahlunterricht doch noch Bedenken, dass deren Qualifikation wohl nicht in ausreichendem Maße vorhanden sei. Aber statt nun Berufsberater vom Berufswahlunterricht auszuschließen, fordern sie deren Qualifikation. Die Vorschläge wurden nicht – wie die Gutachter wünschen – verwirklicht. Die Verhältnisse blieben fast unverändert bis heute, wie bei Schober/Tessaring zu finden[1]. Sie fragten Jugendliche, in welchen Berufen sie glauben, ihre inhaltlichen und materiellen Ansprüche verwirklichen zu können. Dabei traten Deutungsmuster auf, die typisch für die Sichtweise der Bundesagentur für Arbeit mit ihrer Aufgabe zur Berufsberatung sind. Dabei nehmen sie vorgelegte Ergebnisse anderer Studien nicht zur Kenntnis. Sie behaupten, über die Arbeitswelt und über konkrete Berufe seien die Kenntnisse mangelhaft, die durch den geringen Stellenwert verursacht seien, den Beruf und Arbeit in familiären Gesprächen[2] und in

---

[1] Schober, Karen/Tessaring, Manfred, Eine unendliche Geschichte, a.a.O.
[2] 1987 erschien eine Studie „Elterneinfluß auf die Berufswahl", die auf der Basis eines Forschungsvertrages der Bundesagentur für Arbeit in Nürnbrg und der Justus Liebig-Universität Gießen durchgeführt wurde. Diese Studie wurde im Literaturverzeichnis bei Schober/Tessaring nicht aufgeführt, ist also nicht zur Kenntnis genommen worden. Stattdessen ist

der Freundesclique hätten. Die Einschätzung der Unwirksamkeit oder geringen Wirksamkeit von Eltern und Freundesgruppen ginge darauf zurück, dass die Kenntnisse nicht systematisch erworben würden. Alle nicht systematisch erworbenen Kenntnisse werden danach als qualitativ minderwertig eingestuft. „Sofern Kenntnisse über bestimmte Berufe vorliegen, sind sie in der Regel *nicht systematisch* erworben, sondern sie beruhen auf den Zufälligkeiten des Alltags (das muß ja nicht falsch sein und kann auch besonders nachhaltig wirksam sein für die Jugendlichen – L.B.). Jugendliche kennen meist nur Berufe, die in ihrem sozialen Umfeld vorkommen (darin werden sie auch bei ihren, nach Vollzug ihrer Berufswahl nach allen einschlägigen Forschungsergebnissen bleiben – L.B.), darüber hinaus grenzen die vielfach noch sehr traditionellen Lebensentwürfe junger Männer und Frauen...und die Ortsgebundenheit der Informationen und Anschauungsbeispiele das Spektrum der ihnen bekannten Berufe ein."[1] Dazu wird als Quelle eine Studie für das Institut zur Förderung des Baugewerbes zitiert.[2] Ausgerechnet mit ihr soll bewiesen werden, das Interesse und die Aufnahmebereitschaft für die Thematik seien bei Eltern und Jugendlichen nicht vorhanden.

Um eine positive Beurteilung der praktischen Arbeit konnte man nicht herum kommen, aber auch hier wird der Wert geschmälert, denn die dort erworbenen Informationen und gemachten Erfahrungen bewirkten häufig nur ein „Hineinschliddern" in den späteren Ausbildungsberuf. Nur systematische Informationen der Arbeitsagentur bereiten konstruktiv auf eine Berufswahl vor – so das IAB. Der praktischen Arbeit wird vorgeworfen, dass sie als Teil einer systematischen Informationssammlung und Informationsauswertung nicht tauglich ist.[3] Aber das will sie auch nicht.

Wir kommen noch einmal auf Heiko Steffens zurück, dessen systematische Konzeption der Berufswahl s.Z. intensiv diskutiert wurde. Nach dieser Konzeption ist das berufswählende Individuum (der Schüler) berufswahlunreif. Deshalb hätten von den beteiligten sozialen Teilsystemen: Berufsberatung, Familie und Schule alle drei die Aufgabe, die Komplexität der Umwelt *vorzureduzieren*. Damit bieten sie dem Berufswähler Vorleistungen an, mit denen er sein eigenes

---

das Literaturverzeichnis im wesentlichen ein Mitarbeiterverzeichnis des Instituts für Arbeitsmarkt und Berufsforschung. Forschungsberichte befreundeter Institute und von Ministerien werden berücksichtigt.
[1] ebenda, S. 13
[2] Der vollständige Literaturhinweis lautet: Schäuble, Otto, Institut für Sozialforschung, Lehrgangs- studie 1991, Berufswahl Jugendlicher – Motive für oder gegen den Bäckerberuf. Studie im Auftrag und hrsg. vom Institut für Absatzförderung im Backgewerbe GmbH, München 1991.
[3] vgl. ebenda, S. 14

Vermögen zur Verarbeitung der Komplexität steigern kann.[1] Da die Vorleistungen von den drei genannten Teilsystemen – Schule, Familie und Berufsberatung – nicht vollständig in diesem Verfahren gegeneinander substituierbar sind, sie vielmehr limitational seien, muß jede von ihnen eine besondere Leistungsfähigkeit für besondere Teilaufgaben erfüllen, die aus den Erfordernissen des Berufswahlprozesses erwachsen und in einer bestimmten Kombination (vom Berufswähler) wahrgenommen werden müssen.

Der Entscheidungsträger (Schüler) ist außerdem durch eine strukturelle Schwäche gekennzeichnet. Dadurch wird in das System der Berufswahl eine allgemeine Unbestimmtheit getragen, d.h. die Rolle des Berufswählers ist eine Rolle mit Ungenauigkeiten, Unbestimmtheiten, Unklarheiten aber auch Wahrheiten. Damit aber schafft der Berufswähler mit dieser Rollenstruktur, dass die übrigen Teilsysteme berufsrelevante Alternativen hervorbringen, d.h. dass nicht alle Teilsysteme die gleichen Funktionen und Aufgaben übernehmen können, wollen und sollen.

Büchner u.a. fordern quasi zur Minderung der Unbestimmtheit im Prozeß der Berufswahl, dass die künftig Arbeitenden lernen, (wie Blankertz es auch gefordert hat) sich so in den Arbeitsproduktionsprozeß einzubringen, dass die Fähigkeiten zum Arbeiten günstig repräsentiert werden, dass man Kontakte schließen kann, den Wechsel der Tätigkeit in Kauf nehmen, notfalls auch häufig wechselnde Arbeitsverhältnisse eingehen wolle. Das sind lauter Qualifikationen, die nicht den Gebrauchswert der Arbeitskraft bestimmen, aber systemnotwendig sind.[2]

Es ist zwar unbestreitbar, dass derartige Qualifikationselemente *schon immer* Voraussetzung dafür waren, dass sich die Arbeitskraft gut vermitteln konnte (verkaufen konnte). Es wird aber von immer größerer Wichtigkeit, weil sich die Prozesse auf dem technologischen, arbeitsorganisatorischen, aber auch im konjunkturellen Gebiet immer stärker beschleunigen und eine entsprechende Vorbereitung in der Berufswahl erforderlich wird.

Eine inzwischen erweiterte Diskussion um die Arbeitslehre hat[3] verstärkt die Berufswahlthematik berücksichtigt. Dies geschah und geschieht auch vor dem Hintergrund der Diskussion um das Zusammenwirken aller beteiligten Institu-

---

[1] Das ist nicht stringent argumentiert, denn wenn die Komplexität schon vorreduziert ist, ist das Vermögen des Schülers zur Verarbeitung von Komplexität nicht sein Vermögen.
[2] Büchner, Peter/de Hahn, Gerhard/Müller-Daweke, Renate, Von der Schule in den Beruf, München 1979, S. 52
[3] s. insbesondere die jüngsten Curriculumentwicklungen mit dem Zentrum des Kerncurriculums „Arbeitslehre". Vgl. Beinke, Lothar u.a., Kerncurriculum, Lernbereich Beruf – Haushalt – Technik – Wirtschaft (Arbeitslehre, Sekundarstufe I, Sowi-Online 2006

tionen und Personen, um den Schülerinnen und Schülern ein Informationspaket zu liefern, das den Ansprüchen genügt, die an eine erfolgversprechende Berufswahlentscheidung geknüpft werden können.
Um diese Entwicklung einschätzen zu können und auch Begründungen aus den Absichten des Deutschen Ausschusses ableiten zu können, erscheint es erforderlich, wieder zu diesen Anfängen, auf diese Begründungsmuster zurückzukommen, denn es scheint zwar einerseits die Berufswahl – die Berufsorientierung – auch im Verständnis der Bundesagentur für Arbeit und der Schulen, insbesondere auch der Eltern zunehmend dringend, in diesem Prozeß den Jugendlichen verstärkt Unterstützung zu gewähren, und an Aktivitäten – vielleicht schon manchmal Aktionismen – fehlt es nicht. Als jüngstes Ergebnis dürfte die Bemühung der Berufsberatung zu sehen sein, den Schülern über den Zugang zum Internet ein größeres Informationspotential und einen schnelleren Zugriff auf Informationen zu ermöglichen. Dabei erscheint es uns jedoch nicht nur um die Steigerung der Effizienz der Information zur Beratung zu gehen, es scheinen auch Rationalitätsgesichtspunkte eine Rolle zu spielen, um die Berufsberatung von ihrer personellen Belastung ein Stück weit zu befreien.

Auch die Schulen bzw. Schulverwaltungen sind und bleiben zunehmend aktiv in der Gestaltung von „Girls Days", Betriebserkundungen, Betriebspraktika, Informationen von Experten im Berufswahlunterricht.
Nicht immer sind die Ausgangslagen von der praktischen Pädagogik her verständnisvoll und sachgenau eingeschätzt. Ein Grund für die Forschung um Einflüsse auf die Schule – bzw. hier den Unterricht – von außen sind die Absichten – aber auch die Forderungen – der Wissenschaft, der Schule, den Schülern, den Lehrern zu helfen, den Unterricht – hier eben besonders zum Thema Berufsorientierung – auf eine empirisch gesicherte Basis zu stellen.

Informationsbeschaffung als Instrument der Berufsorientierung

Eine Quelle der weiteren selbstgesteuerten Informationsbeschaffung kann – so hoffen Berufsberater und Lehrer – im Internet in großer, aber nicht aufbereiteter Datenfülle erschlossen werden. Ob das die Schüler dem Ziel, den Zugang zur beruflichen Bildung zu erleichtern, näher bringt, dazu gibt der Berufsbildungsbericht der Bundesregierung (2004) eher eine skeptische Einschätzung.

Prager und Wieland fanden in ihrer Studie[1], dass 52% der befragten Jugendlichen zwischen 14 und 20 Jahren skeptisch, z.T. sogar pessimistisch in die berufliche Zukunft blicken. Grund dafür sei die den Schülerinnen und Schülern bekannte Misere am Arbeitsmarkt und der chronische Lehrstellenmangel. Der bewirke erhebliche Zukunftsängste.

Dadurch sicherlich mit bedingt, seien 63% der Jugendlichen bereit, für ihre berufliche Zukunft Opfer zu bringen und mehrheitlich zu Leistungen und Investitionen in die berufliche Zukunft bereit. Sie sehen sich – wiederum mehrheitlich (59%) – bei der Suche nach einem Ausbildungs- bzw. Arbeitsplatz selbst in der Verantwortung. Dabei – so ergänzend aus einer Repräsentativumfrage zur Selbstwahrnehmung der Jugend in Deutschland[2] – sagen 81% der Befragten, die Tatsache, dass es nicht genügend Arbeitsplätze gäbe, sei für sie das wichtigste Hindernis auf dem Weg in die Ausbildung für den Beruf und unter den Jugendlichen seien die Mädchen und beide Geschlechter in den neuen Bundesländern ängstlicher als die übrigen. Unter den Hindernissen rangieren die übrigen genannten Kriterien nach der kritischen Sicht auf mangelhaft zur Verfügung gestellte Arbeitsplätze weiter zurück in der Skala. 26% nennen nicht ausreichende schulische Leistungen, vermitteln damit also, daß sie individuell Schwierigkeiten für ihre Zukunft sehen, und 22% sind der gleichen Gruppe zuzuordnen, die aber die Einstellungskriterien der Unternehmen als Ursache sehen. Diese seien nämlich zu hoch. Die weiteren Positionen liegen alle deutlich unter diesen Werten (von 14% - 4%).

Prager/Wieland zeigen auch, daß die Haltung der Jugendlichen und ihre Zukunftseinstellung einen deutlich meßbaren Einfluß auf die Zukunftserwartungen und Chancen haben. Diesem unterliegen Hauptschüler weit mehr als Realschüler. „Hauptschüler gelten als stigmatisiert".[3] Die Sorgen sind daran festgemacht, daß sie keinen festen Ausbildungs- bzw. Arbeitsplatz bekommen könnten und daß sie auch mehr Angst vor einem Arbeitsplatzverlust hätten.

---

[1] Prager, Jens U./Wieland, Clemens, Deutsche Jugendliche blicken skeptisch in ihre berufliche Zukunft, Studie der Bertelsmann-Stiftung, Gütersloh 2005
[2] Prager, Jens U./Wieland, Clemens, Jugend und Beruf, Gütersloh 2005
[3] vgl. ebenda S. 4

Soweit man von Pessimismus der Jugendlichen ausgeht, wirkt das auch auf deren Investitionen, die sie bereit sind, für eine Berufskarriere aufzubringen: Pessimistische Jugendliche sind weniger bereit, in den Beruf zu investieren. Wer z.B. positive Zukunftseinstellungen hat, ist weit eher zu Opfern für die Karriere bereit – z.B. Zurücksetzung des Privatlebens und der Freizeit (28%) – als die Skeptiker und die negativ Eingestellten (44% - 53%).
Was hier Ursache und was hier Wirkung ist, konnte diese Umfrage nicht belegen. Es kann also die tatsächliche Schwierigkeit zur Resignation und Skepsis führen. Aber die Resignation und Skepsis kann auch im Wege einer self-fullfilling-prophecy zu ungünstigen Startbedingungen führen.
Schon bei Laatz[1] fanden die Schüler wenig Vertrauen in die Sachkompetenz ihrer Lehrer zu der Berufswahlfrage. Nur 6% nannten einen Lehrereinfluß auf ihre Wahl, den höchsten Rang erreichten auch hier die Eltern.

„Die Lehrer, die den Berufswahlprozeß der Jugendlichen begleiten sollen, haben ... kaum Kompetenzen in dieser Thematik"[2], so das Urteil von Schülern über Arbeitsweltkompetenzen ihrer Lehrer.[3] Die Lehrer seien von der Arbeitswelt, auf die sie vorbereiten sollen, weit entfernt[4]. 61% der Schüler vermissen lt. IAB[5] von der Schule Informationen über Berufe. Vor diesem Stand der Forschung erscheinen Versuche naiv, dass den Schulen durch Praxistage und durch Auflistungen von angeblich wirksamen Maßnahmebündeln Erfolgschancen gegeben werden könnten. Besonders dann, wenn die Berufsorientierung von denen als Tätigkeitsfeld entdeckt wird, denen bisher dieses Feld fremd war und deren Kenntnis die Haupteinschlußfaktoren auf die Schülerentscheidung marginal sind. Es besteht – neben anderen – die Gefahr eines Aktionismus, der eher an den Interessen kurzatmiger Bildungspolitik als an fachlicher Grundlegung orientiert ist[6].

Während Steffens bei den Schülern strukturelle Schwächen anmahnen, die durch Leistungen, die durch Teilsysteme im Berufswahlsystem ausgeglichen werden müßten – Schule, Familie, Berufsberatung – gehen wir davon aus, dass allgemein die Unsicherheit in Entscheidungssituationen überwunden werden müssen.

---

[1] Laatz, Wilfried, Berufswahl und Berufszufriedenheit der Lehrlinge, München 1974, S. 88
[2] vgl. Krafft, Dietmar, u.a. Perspektive Berufsausbildung, Münster 2003,
[3] Wir haben – s.S. 7 – die Haltung eines Vertreters einer Schulbehörde wegen ihrer Fremdheit gegenüber den Bedingungen und Erfordernissen der Wirtschafts- und Arbeitswelt kritisiert. In diesen Äußerungen von Schülern aus der zitierten Studie sehen wir eine Begründung für unsere Kritik.
[4] vgl. Ziehfuß, Horst, Arbeitslehre, eine Bildungsidee im Wandel, Seelze 1996
[5] vgl. Kleffner, Annette/Loppe, Lothar/Raab, Erich/Schober, Karen, Fit für den Berufsstart? MatAB 1996
[6] vgl. Berlepsch, P. von/Lexis, U./Wieland, C., Berufsorientierung in Schulen, in: Unterricht – Wirtschaft, 3/2005/23, S. 46-51

Es liegt dann nicht an einer „Berufswahlunreife" der Jugendlichen und kann nicht als strukturelle Schwäche diagnostiziert werden. Berufswähler müssen – wie andere Entscheider auch – ihre Entscheidung unter Unsicherheit treffen.[1] Das gesamte Handeln im Prozeß der Berufswahl kann in seiner ganzen Komplexität nicht in jedem Einzelfall planend vorweg geregelt werden. Das ist vielmehr prinzipiell ausgeschlossen.[2] In unvollkommenen Informationssystemen sind nur Aussagen über wahrscheinliche Ergebnisse einer Entscheidung möglich,[3] und nahezu alle Informationssysteme in praktischer Anwendung sind unvollkommen. Zielgerichtetes Handeln braucht Offenheit, die als Ungewißheit konkret wird. Will man dagegen Maßnahmen zur Entscheidungssicherung durchsetzen, geht das nur durch Bürokratisierung[4]. Bürokratie bedient sich „objektiver" Verfahren, um subjektive Unwägbarkeiten und Planungsschwierigkeiten zu minimieren. Eine solche objektive Unterstützung der Jugendlichen in der Entscheidungssituation durch überprüfbare Informationen auf der Basis der Sachkenntnisse der Bürokratie und der Bürokraten zu gründen und sie durch Medien sachlich zu vermitteln, soll die individuelle Entscheidung durch Verzicht auf die Berücksichtigung subjektiver Bedürfnisse und Befindlichkeiten der Wählenden erhärten.

Wie Bürokratisierung auf die Chance zu einer erfolgreichen Entscheidung der Schüler wirkt, beschreiben Büchner u.a.[5] in ihrem Lernzielkatalog. Dort sind ausführlich Ziele und Aufgaben der Berufsberatung aufgelistet, mit denen die Jugendlichen befähigt werden sollen, die Lernziele zu erreichen:
- Einholen möglichst umfassender Informationen
- Ordnen dieser Informationen nach bestimmten Kriterien
- Aufsuchen der Einzelberufsberatung.

Die Berufsberatung erscheint dabei als kompetente Einrichtung für endgültige Informationen und entscheidenden Rat. Doch die Jugendlichen treffen wegen ihrer noch ungerichteten Informiertheit die Entscheidungen nach Maßgabe der vorwiegend arbeitsmarktorientierten Erkenntnisse der Berufsberatung, nicht aber nach selbständig begründeten und reflektierten Kriterien.
Im Gegensatz dazu wären eher die ergänzenden Beratungsleistungen der Eltern zu aktivieren, weil professionalisierte Beratungsprozesse wie z.B. die hochbüro-

---

[1] Vgl. Keiner, Edwin, Stichwort: Unsicherheit – Ungewißheit – Entscheidung, in: Zeitschrift für Erziehungswissenschaft 2/2005/8, S. 155-170
[2] vgl. ebenda, S. 156
[3] vgl. ebenda, S. 158
[4] vgl. ebenda, S. 168
[5] vgl. Büchner, P.u.a.. a.a.O. S. 63

kratisierten Beratungen der Bundesagentur für Arbeit (BA)[1] der Routinisierung unterliegen. Die anstehenden Themen und Fragen wiederholen sich. Ratschläge werden zunehmend standardisiert. In diesen Routinen erkennt man dann, wie Experten mit ihren Unsicherheiten umgehen.
Routinisiert – das meint den Rückzug auf bürokratische Regelanweisungen – erscheint besonders die Organisierung der Zugangswege zu den Beratungsexperten, so dass es für die Ratsuchenden einer besonderen Anstrengung bedarf, individuellen Zugang zu den Experten zu finden. Bedingt durch den hohen Orientierungsgrad des Prozesses und der Zusammenarbeit und angeblich zur Sicherung des gleichgewichtigen Zugangs aller zu den Informationen gibt es Erstarrungen, die den Ratsuchenden den Zugang erschweren. Der Beratene kann nicht beurteilen, wie zuverlässig die angebotenen Ratschläge der professionellen Berufsberatung sind. Diese Form von Bürokratisierung ist deshalb für die Nutzung erschwerend, weil Bürokratien Wissen nicht nur sammeln, sondern auch versuchen, dieses Wissen vor dem Zugriff von Außenseitern zu schützen. Das führt zur "Klassenmacht der Professionen".
Für unsere Fragestellung wollen wir die BA in ihrer bürokratisierten Struktur beispielhaft untersuchen, denn Luhmanns Kritik an bürokratischen Organisationen betrifft für Berufswahlinformationen mit besonderem Gewicht die amtliche Berufsberatung, deren Informationsvorsprung und Machtausübung für die Berufswähler zu undurchschaubarem und bürokratischem Zweck genutzt werden.[2]
Situationen mit Unschärfe – Unsicherheiten – lassen die Wirkungsgrenzen bürokratischer Systeme nicht erkennen. Routine erweckt den Anschein von Funktionsfähigkeit.
Diese so entstandenen Bürokratien minimieren zwar nicht die Unsicherheiten wirklich. Ihre qualitativ überzogenen Entscheidungen provozieren weitere Entscheidungen. Da der Prozeß der Berufswahl ein Bereich ist, in dem Erfolge nicht allein durch bindende Entscheidungen getroffen werden können, setzen Bürokratisierungen ein,[3] die charakteristisch sind für die Berufsberatung der Bundesagentur für Arbeit.

In der Berufsberatung wird versucht, zur Unterstützung der Entscheidungssituationen Information als eine auf Sachkenntnis aufbauende oder durch Medien vermittelte Funktion einzubringen, um die Rationalität der individuellen Ent-

---

[1] Niklas Luhmann (Politische Theorie im Wohlfahrtsstaat, München/Wien 1981) sieht das Angewiesensein der Gesellschaft zur Erfüllung ihrer zentralen Funktion auf nichtorganisierte Aktivitäten im Prozeß der Berufswahl für die Eltern der berufswählenden Schüler nachgewiesen – s. Beinke, L., Elterneinfluß auf die Berufswahl, Bad Honnef 2000.
[2] vgl. Vohland, Ulrich, Berufswahlunterricht, Bad Heilbrunn 1980, S. 143. Vohland kritisiert die Zurückhaltung und negative Einschätzung der Jugendlichen der Berufsberatung gegenüber. Sie sei wenig sinnvoll, weil man ihr ja ausgeliefert sei. Diese Kritik bleibt rätselhaft.
[3] vgl. Luhmann, a.a.O., S. 85

scheidung zu erhärten. Ausgeschlossen bleiben aber die subjektiven Bedürfnisse und Befindlichkeiten der Wählenden und deren Unsicherheit in dieser für sie existentiellen Entscheidungssituation, die, wie wir oben dargelegt haben, überwiegend wirksam für die Berufswähler sind. Dieses Vorgehen gilt als objektive Unterstützung der Informationsbeschaffung. Objektivität ist dabei Intention. Sie beansprucht Neutralität. Die zur Verfügung gestellten Daten und Techniken sind eben deshalb nicht nach individuellen Bedürfnissen der Ratsuchenden zur Verfügung gestellt! Das dazu tätige Personal in der Bundesagentur für Arbeit ist – wie die OECD-Studie zur Situation der Berufsberatung in Deutschland (2002) hervorhebt – Fachpersonal im Sinne der verwaltenden, administrativen Betreuung, nicht einer individuell ausgerichteten Beratung der Berufswähler. Dabei können zwar die Interessen der Ratsuchenden durch eigene Wunschkategorien vorgetragen werden, sie werden durch die Berater jedoch als Eröffnungszug interpretiert, auf dem das Ritual des Beratungsgesprächs von ihnen aufgebaut werden kann. Die Berater in der Bundesagentur werten die Informationen der Berufswähler über ihre Pläne nicht als Schritt zur Gesprächsentwicklung, sondern als brauchbaren oder weniger brauchbaren Teil des Konzepts, das ihnen zur Abarbeitung von der Zentrale vorgegeben ist und das sie in zeitlichem Limit zu erfüllen haben. Dieses Konzept der Beratung durch Information basiert auf festen Regeln, deren Einhaltung dem Berater Pflicht ist, das aber dem Ratsuchenden oktroyiert wird – als Bürokratie. Die Objektivität solcher Beratung basiert auf Programmen, die sich an dem Grad der Sachgenauigkeit orientieren, das Auswahlproblem aber dem Ratsuchenden überlassen. Es liegt eine Ironie darin, dass die Informationen auch nicht als objektiv wahrgenommen werden. Sie erhärten vielmehr den Zustand der Unsicherheit bei den Jugendlichen.

Nun kann die Objektivität der durch Medien vermittelten Informationen dennoch gegeben sein, wenn auch die Objektivität der Berater in Zweifel gezogen wird.[1] Einen Hinweis darauf, dass von den Ratsuchenden entsprechend zwischen Medien und Beratern differenziert wird, kann man Befragungen entnehmen, deren Antworten den Rang der Informationsagenten nach personalen und nonpersonalen Agenten differenzieren und gewichten.

---

[1] Von der oben genannten OECD-Studie zur Berufsberatung in Deutschland wurde den Angestellten und Beamten der Bundesagentur für Arbeit vorgeworfen, dass sie nicht zur Sachklärung angetreten seien. Als schwächendes Beratungssystem in Deutschland wird die relativ hohe bürokratische Beratungsstruktur, der geringe Grad professioneller Vorbildung vieler Berufsberater, die fehlenden Qualitätsstandards und die Qualitätssicherungsmechanismen in der Beratung und der relativ geringe Stellenwert in der Selbsteinschätzung im Vergleich zum Wissen über die Arbeitswelt, aufgelistet. Nur etwa jeder fünfte Berufsberater hat das dreijährige Studium der öffentlichen Verwaltung der Fachhochschule in Mannheim absolviert, ist deswegen aber noch kein Berufsberater. Das wird er erst durch eine spezifische Qualifikation in einem sechsmonatigen Lehrgang - vgl. Beinke, L., Gibt es bei unseren Arbeitsämtern eine Berufsberatung? In: Weitz, Bernd O. (Hg.) Standards in der ökonomischen Bildung, Berg. Gladbach 2005, S. 334.

Man kann zu einer Rangreihe kommen, in der die objektiven Berufsberatungsmaterialien, die im BIZ zur Verfügung gestellt werden, deutlich höher eingeschätzt werden als die Noten erkennen lassen, die die personale Beratung durch die Berufsberater erreichen.[1] Die Berufsberater legen „beraterspezifische" Berufsangebote vor. Die Gespräche lassen den Jugendlichen kaum Raum zur Darlegung ihrer Wünsche.[2] Das sollte auch Lehrern zu denken geben, wenn sie mit der Berufsberatung zu kooperieren versuchen. Diese Zusammenarbeit darf nicht unreflektiert erfolgen.[3] Die Lehrer sollten auch skeptisch sein, wenn Berufsberater den Schülern attestieren, sie wüßten über ihre beruflichen Chancen und Möglichkeiten zu wenig – worin oft eine Kritik an der Schule formuliert wird. Die Berater lassen den Jugendlichen kaum Chancen, sich zu äußern.[4] Der Berufswähler wird zum „Schweiger", denn der Berater versteht sich als „Vortrager".[5]

Neben den objektiven Informationen gibt es andere: subjektiv gemeinte und erwartete, die ohne Bürokratie und ohne Anspruch auf Vollständigkeit, Systematik und Allgemeingültigkeit vorgebracht werden. Sie sind eher als funktional zu werten. Auf die Jugendlichen kommt also eine heterogene Flut von Informationen mit unterschiedlichem Gewicht, unterschiedlicher Verwertbarkeit und verschieden dichter Struktur und damit Verstehbarkeit zu.

Elternhaus, Schule, Betriebspraktika, Freunde, die Berufsberatung mit Berufsberatern und das BIZ sollen außer der Strukturierung und Ergänzung der Informationsmenge auch noch helfen, diese zur Informationsflut anschwellenden Datenmengen handhabbar zu machen. Da nicht die Erwartung an die bisherigen Informationen in Beratungen erfüllt werden, sollen Recherchen im Internet – ergänzend – angeboten werden. Hier stellt sich die Frage – wie vorher schon bei den anderen erwähnten Medien – welche Chancen realisieren die Schulen bei diesen Recherchen, welche vermuteten Möglichkeiten stellen sich in nur geringem Maße ein?

Wie weit kann die Selbstbeschaffung von Informationen im Internet diese Probleme lösen oder perpetuieren sich damit die alten gesellschaftlichen Struktu-

---

[1] vgl. Manstetten, Rudolf, Berufsberatungsgespräch, Trier 1975, S. 34 f.
[2] vgl. auch OECD-Gutachten zur Berufsberatung, a.a.O. S. 16, in dem das bürokratische System besonders in Deutschland dann auch dazu führe, dass man sich gern bei verordneten Maßnahmen bei den getroffenen Einrichtungen beruhigt.
[3] vgl. Beinke, Lothar, Berufsorientierung..., a.a.O., S. 38
[4] vgl. Landsberg, Georg von, Verlauf und Ergebnis vom Berufsberatungsgespräch, Frankfurt 1977, bes. S. 435, 75% der Gesprächsanteile kommen von den Beratern.
[5] ebenda, S. 296

ren? Verweist ein Scheitern dieses Versuchs wieder auf die Schule, die sich endlich der Aufgabe stellen muß?

Es bleibt die Frage, ob der Schule die Auseinandersetzung mit der modernen Informationstechnik hilft, die erheblichen Defizite abzubauen, die sie durch ihre bisherige Haltung im Rahmen der Berufswahl selbst produziert hat. Dabei muß sie eine Lücke füllen, die von der Bundesagentur für Arbeit immer offen gelassen wurde: Die Aufbereitung der Informationen unter dem Aspekt einer Berufswahldidaktik, die auch im Internet nicht gefunden werden kann. Die fachlichen Informationen im Internet bedürfen zu ihrer Wirksamkeit beim Berufesuchenden der Didaktik. Der Lehrer ist auch hier als Fachdidaktiker gefragt. Allerdings ist es zwingend, dass die zu allen didaktischen Prozessen erforderlichen Reduktionen (Reduktionen zum Abbau von Komplexität sind hier besonders wichtig) nicht unter ideologischem Blickwinkel erfolgen.

Dabei ist es bisher der Berufswahltheorie nicht gelungen, einen brauchbaren Theorieansatz für Lösungsmöglichkeiten zur Verfügung zu stellen. Michael Selb[1] hat nach seinem Urteil über die Brauchbarkeit solcher Theorien, es gebe keine einheitliche Theorie, den Versuch unternommen, verschiedene theoretische Ansätze im Hinblick auf die gestellte Frage zu untersuchen. Dabei ist eine Integration verschiedener Ansätze, wie z.B. der von Koli[2] ein Versuch geblieben.

„Der wesentliche Beitrag der psychologischen Berufswahltheorien besteht darin, dass die ‚Eigenleistung' des Individuums im Prozeß der Berufswahl herausgestellt wird. – Wie weit diese Eigenleistungen allerdings durch andere Faktoren – z.B. Eltern, Betriebspraktikum, Berufsberater – beeinflußt werden, entzieht sich damit diesen Theorien.[3]

Aus Untersuchungen über die Wirksamkeit von Informationen wissen wir, dass sie am besten wahrgenommen und verarbeitet werden, wenn sie von den Ratsuchenden gezielt abgefragt werden können. Vielleicht bietet aber das „berufenet" eine bessere Möglichkeit, Informationen auf Befragung abzurufen. Bietet überhaupt das Medium Internet eine konstruktive Ergänzung im Informationsangebot zur Berufsorientierung? Oder sind die Verwertbarkeiten aller Informationen determiniert vom Schulsystem, das quasi ein Abbild des Gesellschaftssystems ist? Einige Interpreten deuten die PISA-Ergebnisse für Deutschland so.

---

[1] Selb, Michael, Geschlecht und Berufswahl, Frankfurt 1984
[2] Koli, M., Studium und berufliche Laufbahn, Stuttgart 1973
[3] Selb, Michael, a.a.O., S. 66 – Das kritische Urteil von Selb die psychologische Berufswahltheorie betreffend, macht deren Fehlansatz deutlich.

Die Schule genügte nicht mehr ihren Funktionen: Der Heranführung der kommenden Generation an die sie erwartenden gesellschaftlichen Aufgaben und der Bewahrung und Tradierung des kulturellen Erbes[1]. Diese Testierung der Schule als defizitär in bezug zu ihrem Bildungsziel am Übergang zu weiterführenden Schulen dürfte adäquat zum Übergang in die berufliche Bildung gelten.

Die Ratsuchenden – die Schüler – sehen in Elternhaus, Schule, Betriebspraktikum, Freunden, Berufsberatung mit Berufsberatern und dem BIZ Hilfen, die die Informationsflug – als solche müssen sie das Angebot empfinden – handhabbar machen. Sie sehen aber ihre Erwartungen an die bisherigen Hilfen nur zum Teil als erfüllt an. Deshalb könnten Recherchen im Internet ergänzend helfen – so soll das Angebot der Bundesagentur für Arbeit verstanden werden. Hier stellt sich die Frage, welchen Gehalt an Verwendbarkeit der Informationen realisieren die Schüler bei diesen Recherchen in der Datenbank der Bundesagentur für Arbeit? Oder anders gewendet: Welche Erwartungen an den individuellen Nutzen werden enttäuscht?

Bei der Konzeptionierung unserer Studie haben wir recherchiert, welche Erhebungen zu diesem Thema bereits durchgeführt wurden und zu welchen Ergebnissen diese gekommen sind. Wir haben dabei nach besonderen Betonungen der vorliegenden Untersuchung der Wirksamkeiten des Internets gefragt, die bisher u.W. wenig berücksichtigt wurden. Wir fanden Recherchen, die aus jüngster Zeit die Einflüsse verschiedener Medien auf den Prozeß der Berufswahl Jugendlicher erhoben haben. Wir fanden vier beachtenswerte Arbeiten, die neben traditionellen Einflußfaktoren Fernsehen und Internet zum Gegenstand ihrer Forschung gemacht haben. Das sind die von Werner Dostal und Lothar Troll[2], Udo Michael Krüger[3], Lutz P. Michel und Bastian Pelka[4], Jens M. Prager und Clemens Wiegand.[5]

Dazu möchten wir einige Aspekte von Prager/Wieland herausgreifen. In deren Studie fällt die Bewertung der Informationsquellen differenziert aus. Erwähnenswert ist eine Dissertation von Marc Schreiber.[6] Die normative Entscheidungstheorie hat ein präskriptives Modell entwickelt. Dieses Modell will die

---

[1] vgl. Lütkens, Charlotte, Die Schule als Mittelschichtinstitution, in: Zeitschrift für Soziologie und Sozialpsychologie, Sonderheft 4, Schule 1966, S. 22-39
[2] Dostal, Werner/Troll, Lothar, Die Berufswelt im Fernsehen, ibv Nr. 24, 7. Dezember 2004
[3] Krüger, Udo Michael, Berufe im Fernsehen, Bielefeld 2005
[4] Michel, Lutz P./Pelka, Bastian, Die Darstellung von Berufen im Fernsehen und ihre Auswirkung auf die Berufswahl, Bielefeld 2005
[5] Prager, Jens M./Wieland, Clemens, Jugend und Beruf, Gütersloh 2005
[6] Schreiber, Marc, Entscheidungstheoretische Aspekte der Ausbildungs- und Berufswahl von Jugendlichen, Göttingen 2005

Entscheidungsträger (hier die Schülerinnen und Schüler) schulen, um ihre Entscheidungsfähigkeit zu verbessern. Dagegen entwickelte die psychologische Entscheidungsforschung ein deskriptives Modell, mit dem menschliches Entscheidungsverhalten mit psychologischen Theorien erklärt werden soll und fragt, welche Theorien das Entscheidungsverhalten am besten abbilden. Zu Beginn der normativen Entscheidungstheorie hat man mit ihr versucht, Abweichungen des menschlichen Verhaltens zu erklären. Gegenwärtig ist die psychologische Entscheidungsforschung von der normativen Entscheidungstheorie abgekehrt. Man geht nicht mehr davon aus, dass das rationale Vorgehen zu einer optimalen Entscheidung führt. Statt dessen versucht man, die Frage nach dem optimalen Vorgehen in eine Entscheidungssituation empirisch zu beantworten.[1]

Dieser schweizerischen Untersuchung sind den Schülerinnen und Schülern besonders von den Eltern (und anderen Bezugspersonen) ganz erhebliche Unterstützungen zuteil geworden. Als nächster Einflußbereich auf die Informationen galt hier die Schnupperlehre – eine Einrichtung, die dem deutschen Betriebspraktikum ähnlich ist – und auch noch über 50% gaben an, dass sie vor der Berufsentscheidung konkrete Erfahrungen zum Beruf gemacht hatten, die hier nicht spezifiziert sind. Die Berufsberatung erreicht 56%.[2]

„Die wichtigsten Einflußgrößen für die Wahl eines bestimmten Berufes sind direkte Kontakte zu diesem Berufsfeld, also der eigene ‚Augenschein' und die Tätigkeit der Eltern."[3] Eigene Erlebnisse und persönliche Gespräche – wir fügen hier ein: auch die Gespräche unter Freunden – sind die wichtigsten Einflußgrößen für die Entscheidung im Berufswahlprozeß. Praktika (62%) und Gespräche mit Personen, die diesen Beruf schon ausüben, (50%) werden am häufigsten genannt. „Broschüren und anderes Informationsmaterial spielen hingegen eine untergeordnete Rolle."[4]

Darüber hinaus gilt weiterhin: „Die Berufswahl ist einer der wenigen Bereiche, in dem Jugendliche ihre Eltern noch um Rat fragen, indem sie ihnen noch Kompetenz einräumen. Informationsquellen, die keinen so nahen persönlichen und keinen individuellen Kontakt ermöglichen, sind weniger beeinflussend."[5] Berater der Agentur für Arbeit (39%) haben deshalb geringeren Einfluß als die Eltern, deren Einfluß gerade aus dem engen individuellen Kontakt seine Chancen bezieht.

---

[1] vgl. ebenda, S. 7
[2] vgl. ebenda, S. 57
[3] Prager, Jens M./Wieland, Clemens, a.a.O., S. 9
[4] ebenda
[5] vgl. Beinke, Lothar, Elterneinfluß auf die Berufswahl, Bad Honnef 2000

Ob der von Karin Fobe, Uwe Hartung und Bert Irmert[1] festgestellte Zusammenhang mehr als statistisch zu werten ist, muß selbst nach Aussage der Autoren noch überprüft werden, dass nämlich eine stark linke politische Sympathie Einfluß auf die Herausbildung eines Wunschberufes habe: „Nur 13% der Gesamtpopulation bekennen sich zu dieser (linken – LB) politischen Orientierung, aber von allen UntersuchungsteilnehmerInnen *ohne* Wunschberuf haben sich 26% politisch eingeordnet".[2]

Leider ergaben weitere Erhebungen, mit denen die Wirksamkeit der Schule im Prozeß der Berufswahl für die Schüler erfaßt wurde, dass Lehrer/Lehrerinnen als Informanten in noch geringerem Maße eine Wirkung erreichen. „Die Peer-group wirkt (bei der Information zur Berufsorientierung – LB) nur am Rande mit, ebenso wie die Lehrer." – „Damit (mit dem Gewicht des Elternhauses – LB) geht zusammen, dass der Einfluß der Berufsberatung kaum gewachsen ist. ... Berufsberater und Lehrer spielen hierbei (bei Berufsentscheidungen – LB) überhaupt keine Rolle.[3]

Es geht bei den Unterstützungen für die Jugendlichen in diesem Prozeß jedoch nicht allein darum, den Wirkungszusammenhang einer einzelnen Institution oder eines einzelnen Mediums festzustellen und ggf. zu steigern/zu verbessern, - so wichtig auch die Effizienz und Effizienzsteigerung jeder einzelnen Institution und jedes Mediums ist – es geht vielmehr um das Zusammenwirken aller Beteiligten zum Optimieren der Ergebnisse im Interesse der Berufswähler.[4]

Wir folgten deshalb der Überlegung, daß die geringe Wirkung der Schule in der Berufsorientierungsphase durch Unterstützungen verbessert werden muß. Wir richteten unser Augenmerk auf die Chancen, die wir hypothetisch als von den Informationsmöglichkeiten des Internet gegeben angenommen haben.

Allerdings rechtfertigt die Einrichtung und das Vorhandensein von Datenbanken allein keineswegs die Schlußfolgerung, Nutzungserfolge stellten sich bereits dadurch ein, daß ein Zugriff auf die Daten über private oder schulische PCs technisch gewährleistet ist. Bereits eine Prüfung der Daten, die der Berufsbildungsbericht der Bundesregierung[5] 2004 vorstellt, läßt den unterstellten Mechanismus einer Wirksamkeit aus sich selbst (der Datenbank) als leichtfertig erkennen.

---

[1] Fobe, Karin/Hartung, Uwe/Irmert, Bert, Jugendliche zu ihren beruflichen und persönlichen Zukunftsvorstellungen, Leipzig 1994
[2] ebenda, S. 32
[3] vgl. Beinke, Lothar, Familie und Berufswahl, Bad Honnef 2002, S. 152 und S. 158
[4] Etwa in dem Sinne, wie Gerd-E. Famulla – Berufsbildung im Strukturwandel von Ausbildung, Arbeit und Beruf. Vortrag vor dem 2. Hauptschultag, Universität Kiel, 11.10.2001 – formuliert hat: „Eine Verbesserung der Berufsorientierung ist nur durch eine verstärkte Kooperation (Vernetzung) zwischen Schule, Elternhaus, Betrieben, Arbeitsverwaltung und Wissenschaft zu realisieren".
[5] BMBF, Berufsbildungsbericht 2004, S. 54 f.

Zwar werden zunehmend auch die Möglichkeiten des Internets von den Jugendlichen genutzt, doch eine nähere Analyse zeigt, daß die Informationsmöglichkeiten, die das Internet bietet, weder als attraktive Alternative eingeschätzt werden, noch objektiv wirklich eine konstruktive Ergänzung zu den klassischen Informationsmöglichkeiten bieten.[1] Dass diese Bewertung der Realität bei den Nutzungsbemühungen von Internetangeboten der vorfindlichen Wirklichkeit entspricht, zeigt Birgit Wählisch in ihrem Projekt GENIA Internet 2002.[2]

Bei der Internetnutzung werden maximal 50 Suchergebnisse – eher weniger – intensiv zur Kenntnis genommen. Deshalb sind Datenbanken mit mehreren tausend, ja zehntausend Einzeldaten ziemlich unbrauchbar, da es kein Ordnungssystem in den benutzten Datenbanken – „web.de" – „Google" – „altavista" – gibt, so Birgit Wählisch zur Begründung ihres methodischen Vorgehens. Sie ging in der Studie so vor, wie auch Internetdatenbankbenutzer vorgehen könnten, dass erst die Zahl der Treffer festgestellt wird und dann die mögliche Relevanz für das Thema. Zur Berufswahl wurden bei Google 32.700 und bei altavista 32.084 Treffer gefunden, zur Berufsberatung 28.200 Treffer bei Google und 22.475 Treffer bei altavista.[3]

Darüber hinaus ist die Anzahl der Treffer nicht einmal ein Hinweis auf die Qualität der Suchergebnisse. Die Stichworte erwiesen sich für die Suche als unterschiedlich geeignet und tatsächlich werteten die Nutzer in der Regel nur die ersten Treffer in Suchmaschinen aus. Die Reihenfolge der Anzeige wird durch die Relevanz der Einträge bestimmt, wobei die Relevanz eines Suchroboters dadurch bestimmt wird, dass die Häufigkeit der Nennung eines Begriffs über den Anfang der Internetseite entscheidet. Es ist keine qualitative Wertung. Viele Seiten der Datenbanken werden noch nicht genügend im Hinblick auf die Nutzer entwickelt. Zu „Arbeitsamt online" sind vor allen Dingen allgemeine Informationen zur Orientierung nach dem Schulabschluß zu finden. Außerdem sind die unterschiedlichen Möglichkeiten zur Orientierung über die Arbeitsämter in allgemeiner Form vorgestellt.

Die Druckschriften zur Berufswahl „Abi" und „Uni" sind jetzt auch online vertreten, im wesentlichen wird dort aber nur über die Heftinhalte informiert.

Wir versuchen, die Ergebnisse der von uns ausgewerteten „Vorstudien" zusammenzufassen:

---

[1] Wir kommen auf diese Entwicklung noch zurück.
[2] Das Thema „Berufsorientierung ins Internet" stecke noch in den Anfängen. Die einzelnen Angebote seien viel zu wenig miteinander vernetzt und die Möglichkeiten der Interaktivität noch nicht ausgeschöpft (S. 37).
[3] Zur Übertragbarkeit dieser Kritik auch auf die Datenbanken der Bundesagentur für Arbeit bedarf noch einer Vergleichsstudie, eine Übertragung darf aber als plausibel gelten.

- Die reine Information steht im Mittelpunkt.
- Die Interaktivität des Internets für die Kommunikation wird nur zum Teil genutzt.
- E-mailkontakte zur Berufsberatung gibt es auf zentraler Ebene nicht.
- Es wird ausschließlich auf die persönliche Beratung im Arbeitsamt, in der Agentur für Arbeit, hingewiesen.

Bei der Nutzung der Datenbanken für allgemein bildende Schulen sind bestenfalls erste Ansätze erkennbar. Interaktivitäten werden so gut wie gar nicht genutzt. Eine Verbindung zu Unternehmen, also zu den Firmen, die Berufsausbildungen anbieten, fehlt fast vollständig.
Etwa die Hälfte aller der in dem Bildungsbericht zitierten Bewerber gibt an, sich bei der Berufswahl und der Ausbildungsplatzsuche auch im Internet umgeschaut zu haben, aber eben „umgeschaut". Denn die erfolgreichen Bewerber um einen Ausbildungsplatz hatten die Möglichkeiten des Internets zu 56% benutzt, während diejenigen, die mit ihren Bewerbungen erfolglos geblieben waren, das Internet zu 71% befragt hatten. „Offensichtlich wird der ausbleibende Erfolg bei der Ausbildungsplatzsuche zum motivierenden Faktor für die Nutzung des Internets. Dieses Ergebnis deutet darauf hin, daß viele Bewerber das Internet immer noch nachrangig und reaktiv nutzen."[1]

Der Bericht räumt ein, daß Informationsangebote der Bundesagentur für Arbeit nur dann als konstruktive Unterstützung des eigenen Suchverhaltens angesehen werden, wenn es um den internetgestützten Ausbildungs-Stellen-Informations-Service (asis) geht. Dann heißt es aber weiter: grundlegende Orientierung und eine Optimierung des Bewerbungsverhaltens durch die Informationsangebote, wurden nur zu 12% bzw. 14% genutzt.[2] Statt daraus die Erkenntnis abzuleiten, die aus den Forschungsergebnissen der letzten Jahrzehnte zu ziehen ist, dass nämlich der informationstheoretische Grundansatz solcher Angebote auf hohem technischem Niveau keineswegs dem Informationsinteresse der Jugendlichen gerecht werden, soll das „Bewegungsverhalten" im Internet verbessert werden. D.h. eine breitere Gestaltung soll einen flexibleren Umgang mit dem Netz fördern und die Beweglichkeit der Sucher im Internet, u.a. auch das Suchen auf weiteren Seiten, das Folgen der Systematik, von deren Aufbau und Erkennen der Relevanz eines Eintrages für die eigenen Gebräuche des Nutzers abhängt, soll trainiert werden – vermuten wir. Damit aber würde verständnisvolle individuelle Beratung weiter durch Technik ersetzt. Außerdem wird bei diesen Vorschlägen nicht beachtet, dass die Annahme empirisch widerlegt ist, die Menschen möchten ihre Alltagsgeschäfte reflexiv regeln und dazu die komplexesten, begrifflich

---

[1] ebenda, S. 55
[2] Für „Mach's richtig" liegen die Werte zwar höher (25% Nutzung); diese Schrift wird aber nicht nur zur Selbstinformation genutzt. Sie ist oft in den Schulen Unterrichtsmaterial.

artifiziellsten Informationen verwerten[1]. Eine weitere Fehldeutung auf Seiten der Beratungsinstanzen – Schule und Berufsberatung – liegt darin anzunehmen, die Berufswahl erfolge z.b. in der Schule dann, wenn dieselbe Schule mit der Thematisierung begonnen habe. Da die Berufswahl sowohl während der Informationssuche als auch bei der Entscheidung nur vom je einzelnen Individuum bestimmt wird und für die Schule die Summe dieser individuellen Handlungen nur in einem Zeitkorridor – nicht punktuell – bekannt ist, sind die Annahmen einer Kongruenz als Fehldeutungen zu werten.

Wie man Entscheidungen auch durch Informationen sinnvoll vorbereitet, dazu liegen einige theoretische Erkenntnisse vor. Es gibt keinen Zusammenhang zwischen der Informationsaktivität und der Qualität der Entscheidung. So konnte in empirischen Untersuchungen belegt werden, dass ein geringer Informationsaustausch nicht zu einer schlechten Entscheidung führen muß. Das gleiche gilt umgekehrt. Die Menge an Verarbeitung von Informationen steht in keinem Zusammenhang mit dem erzielten Nutzen. Ein Mehr an Informationen führt nicht notwendigerweise dazu, dass auch bessere Entscheidungen getroffen werden. Es gibt vielmehr eine begrenzte Aufnahme- und Verarbeitungsfähigkeit für Informationen in Entscheidungssituationen. Daraus muß man die Schlußfolgerung ziehen, dass die Aufforderung zur Erhöhung der Informationstätigkeit vor einer Entscheidungsfindung sich nicht mehr auf eine wissenschaftliche Grundlage berufen kann. Ein Mehr an Informationen für Hauptschüler scheitert beim Versuch der Realisierung an den begrenzten Angeboten für diese Schülergruppe am Ausbildungsstellenmarkt, ebenso wie deren begrenzte Verarbeitungsfähigkeit – wie u.a. auch unsere Befunde zeigen.. Es muß daher größerer Wert auf die Suche nach solchen Aktivitäten gelegt werden, die wirklich in der Lage sind, eine Steigerung der Effizienz von Entscheidungen herbeizuführen. Das schafft nicht die Vermehrung der Informationsfülle. Im Gegenteil, da die nicht mehr bewältigt werden kann, wirkt eine quantitative Erweiterung der Informationsangebote eher kontraproduktiv.

Wenn man Situationen, die auf eine Entscheidung hinführen sollen, daraufhin untersucht, wie weit die vom Informationssucher nachgefragte Information sich auswirkt, dann findet man einen positiven Zusammenhang zwischen der Informationsnachfrage und der Effizienz der Entscheidung. Es muß also darum gehen, eine bedarfsgerechte Versorgung mit Informationen zu erreichen. Zur Optimierung der Entscheidungsqualität wird es danach wichtig, dass die Informationsversorgung und die Informationsnachfrage in einem ständigen Interaktionsprozeß stehen. Dabei sollte die Versorgung von der Nachfrage gesteuert werden. Wenn der Informationssucher noch weitere Informationen nachfragt, sollte die-

---

[1] vgl. Gerdsmeyer, Gerhard, Polytechnische Bildung in der Sekundarstufe I, in: Schoenfeldt, E. (Hg.), Polytechnik und Arbeit, Bad Heilbrunn 1978, S. 189

ser Bedarf gedeckt werden, allerdings kann man erst dann eine wirksame Informationssteuerung erwarten, wenn der Entscheidungsträger das Problem, das zur Entscheidung steht, selbst erkannt und erfaßt hat. Das bedeutet für die Informationssuche im Internet, dass eine Steuerung nicht möglich ist, denn die Datenbanken können nur ihren eigenen Strukturbedingungen folgen.

Da die Informationsnachfrage im Vergleich zum Informationsangebote/zur Informationsversorgung der eigentliche Problembereich ist, erscheint es wenig sinnvoll, die Informationsversorgung auszuweiten, wenn nicht gleichzeitig auf die Informationsnachfrage und deren Verarbeitung und verfügbarer Verarbeitungskapazität Einfluß genommen wird.

Denn bei der Lösung eines Entscheidungsproblems ist nicht die Menge der zur Verfügung stehenden Informationen, sondern die Fähigkeit desjenigen entscheidend, der zu einem Ergebnis kommen muß. Es ist dann kein besonders schwieriger Prozeß, wenn der Entscheidungsträger allein als Rechner und kalkulierender Abwäger der unterschiedlichsten Informationsgehalte auftritt und nach Abwägung der für ihn günstigen Kombination letztlich seine Entscheidung trifft. Schwieriger ist die – und sicherlich auch häufigere – Situation, wenn die Entscheidungen von Emotionen begleitet werden. Das ist auch schon die Furcht vor einer falschen Entscheidung. Dadurch wird das Entscheidungsverhalten mitbestimmt. Diese Situation kann man als Konfliktsituation definieren. Entscheidung ist hier verstanden als Wahl zwischen Alternativen, die alle eine bestimmte Attraktivität besitzen, die alle aber auch Nachteile beinhalten. Man muß davon ausgehen, dass es in der Regel keine Alternativen gibt, die nur Vorteile haben, und in der Regel ist es auch nicht möglich, alle Vorteile aller Alternativen durch das Wählen einer einzigen zu erhalten. In einer solchen Konfliktsituation entsteht für den Entscheidungssucher Streß. Durch eine umsichtige Informationssuche soll die Informationsverarbeitung erleichtert werden. Eine unsystematische und ungezielte Informationssuche würde die Informationsbearbeitung wahrscheinlich eher behindern.

In einer solchen Situation muß der Entscheidende einige Bedingungen klar sehen:

- Es hat erhebliche negative Konsequenzen, wenn er seine Entscheidung weiter aufschiebt. Die Furcht vor schwerwiegenden Verlusten bewirkt, dass das bisherige Verhalten infrage gestellt wird. Die bisherigen Anstrengungen waren nicht ausreichend und werden verstärkt.
- Der Entscheidende muß sich der Risiken bewußt werden, die entstehen, wenn er überhastet entscheidet und nur die erstbeste Alternative wählt.

- Die Person muß die Hoffnung besitzen, dass die weitere Suche nach neuen Informationen zu einer besseren Lösung führt.
- Der Berufswähler muß die Sicherheit haben, dass er genügend Zeit zur Informationssuche und zum Nachdenken über die Auswahl hat.

Die Konflikttheorie und die betriebswirtschaftliche Entscheidungstheorie gehen davon aus, dass man eine Situation nur „richtig" angehen muß, um zu einer guten Entscheidung zu kommen. Sie berücksichtigen nicht, dass es im Entscheidungsprozeß auch Mechanismen gibt, die dieses „richtige" Verhalten erschweren oder unmöglich machen. Hiermit beschäftigt sich die Theorie der kognitiven Dissonanz. Diese Theorie besagt, dass die nachgefragten und angebotenen Informationen sowohl positive als auch negative Inhalte haben, dass sie also dissonant sein können, sich widersprechen können. Ein solcher Widerspruch führt zu Spannungen, die als unangenehm empfunden werden. Darauf setzt ein Prozeß in Gang, der diese Spannungen vermeiden oder abbauen soll. Es soll ein spannungsfreier Zustand hergestellt werden. Das kann der Entscheidungssucher auf drei Ebenen zu erreichen versuchen.

- Er kann eine der „Kognitionen", d.h. eine der Informationen über Situationen und Dinge ändern. So kann z.B. ein Raucher seinen Zigarettenkonsum als so niedrig interpretieren, dass er gar kein „richtiger Raucher" sei.
- Er kann neue Kognitionen einführen, die mit den bereits vorhandenen übereinstimmen. Dadurch ist dann wieder ein höherer Grad von Harmonie erreicht, so z.B. bei dem Raucher, dass die Untersuchungen über Gesundheitsschädlichkeit des Rauchens nur amerikanische Verhältnisse widerspiegeln.
- Und drittens kann er die Wichtigkeit derjenigen Dissonanz verringern, die ihm zu schaffen macht.
- Ein anderer Versuch wäre, dass die medizinische Forschung auch anderer Ergebnisse zutage fördern könne. Auf diesem Wege werden die Informationen sortiert und gewertet. Aber es gibt auch noch eine weit schwierigere Möglichkeit der kognitiven Dissonanztheorie.
- Die Informationen werden ausgesucht – „selektive Informationssuche". Das bedeutet, dass nur diejenigen Informationen verarbeitet werden, die zu den vorher gebildeten Urteilen und zu der vorher gefaßtem Meinung passen.

Vorliegende Untersuchungen, die als Überprüfung der Dissonanztheorie vorgenommen wurden, geben wenig Hoffnungen, dass die Jugendlichen, die in einer Entscheidungssituation vor der Berufswahl stehen, nicht ihre Informationen selektiv aufnehmen, d.h. neue Informationen werden immer im Lichte einer vorläufigen Entscheidung gesucht und so interpretiert, dass sie auch zu dieser Entscheidung passen. Informationen, die die Haltung des Entscheidungssuchenden unterstützten, werden auch für wahr gehalten und Informationen, die den bisherigen Vorstellungen widersprechen, werden in hohem Maße für falsch gehalten. Eine einmal für richtig gehaltene Meinung wird fast immer beibehalten. Deshalb dient das Betriebspraktikum zur Prüfung der Berufswahl. Je größer die Anzahl der Informationen, die eine bestimmte Lösung unterstützen, desto größer wird die Erwartung, dass nun auch in der Reihe bald widersprechende Informationen auftreten müßten, so dass weitere Informationen in ihrer Wichtigkeit unterschätzt werden, denn sie werden ja als negativ erwartet. Je größer die Sicherheit ist, dass die ausgewählte Alternative auch gewährt werden kann, sinkt der Zeitaufwand für die Kenntnisnahme von Informationen über weitere Alternativen. Informationen, die die ausgewählte Alternative unterstützen, werden fast immer als nützlicher eingestuft als widersprechende Informationen. Darum ist es auch unsinnig, Schülern viele Berufsalternativen vorzuschlagen. Damit wächst nämlich eher der Grad der Unsicherheit.

Anwendung auf die Computernutzung

Das Ergebnis der OECD-Studie „Education"[1] vermittelt, dass Schüler im Umgang mit Computern generell geübt und erfahren sind und sich darin auch viel zutrauen, aber dass andererseits der Zugang zu den Computern und ihre Nutzung in der Schule begrenzter sind als zu Hause.
Zu Hause werde der Computer nicht nur für Spiele eingesetzt. Und die Nutzung des Computers als Suchinstrument in bezug auf die Berufswahlinformationen scheint in dieser gezielten Fragerichtung sogar noch deutlicher auf eine Sachnutzung hinzuweisen. Er werde in der Schule universeller – eben auch für Intentionen, die als unterrichtliche Unterstützung zu sehen sind - genutzt als zu Hause. Die geschlechtsspezifischen Unterschiede bei der Nutzung seien besonders ausgeprägt.

Eine Studie des Medienpädagogischen Forschungsverbundes Südwest fand, dass zwar 58% der 12-jährigen Jungen, aber 62% der gleichaltrigen Mädchen schon einmal im Internet waren. 70% der 6- bis 13-jährigen nennen Erfahrungen mit dem Computer. Aber immer noch rangiert der Freundeskreis recht deutlich vor den Medien – Fernsehen und Computer.[2]
Nach der Studie mpfs – Pressemitteilung vom 01.12.2006 aus dem Internetzugang „Computer für Jugendliche wichtiger als der Fernseher?" – gewinnt der Computer an persönlicher Wichtigkeit gegenüber dem Fernseher und nimmt den Spitzenplatz ein: Computerzugang zuhause = 98%, Internet = 92%. 60% in dem Alter unserer Probanden besitzen einen eigenen Computer. Die Nutzung für Schule und Beruf rangiert an dritter Stelle. Ziel der Nutzung als Kommunikationsmedium, d.h. auch Kommunikation mit Eltern und Peergroups. Ausdrückliche Informationssuche nur 23%.[3]

Wir haben die OECD-Studie als Ansatz für unseren weitergehenden Forschungsansatz genommen. Deshalb haben wir ebenso wie diese nach der Nutzungstrennung der Computer bei Berufswahlthemen gefragt: Hängt die Absicht, im Internet Berufsinformationen einzuholen, von der häuslichen oder schulischen Nutzung ab?

---

[1] Are students ready for a technology-rich world? Erschienen: Internet Jan. 2006 „Education" aus den OECD Briefing Notes für Deutschland
[2] in: GATWU – Forum Nr. 2/2003
[3] Die Teil- und Schnellstudien zur Nutzung des Internets zeigen i. d. R. einen Trend, der zunehmend auch die gezielte Informationssuche zu Sachthemen zu belegen scheint. Zumindest sind Jugendlichen die Möglichkeiten der PC-Nutzung zugänglicher geworden, dieser Trend nimmt zu. Der Spiel- und Unterhaltungswert rangiert nach wie vor an der Spitze. Die Studien sind allerdings insgesamt nicht wirklich vergleichbar, sie setzen verschiedene interessengeleitete Schwerpunkte. Die OECD-Studie hat für uns den im Vergleichen den sichersten Ansatz und ist eher als repräsentativ einzuschätzen. Mit dem Hinweis unten – S. 52 in dem Exkurs zur PISA-Studie – dürfen die Verhältnisse in unserem Bildungssystem und seinen Bezügen zur Nutzung neuerer Kommunikations- und Informationstechnologien nicht überbewertet werden. Im internationalen Vergleich besteht Nachholbedarf!

Bei einer Befragung wie der unseren, die die Wirksamkeit von Recherchen im Internet zu prüfen versucht, erscheint es uns zunächst wichtig herauszufinden, wieviele Schülerinnen/Schüler über einen eigenen PC verfügen. Über alle Schulformen sagten dazu 348 der Befragten = 72,5%, dass sie einen eigenen PC haben. Diese und einige mehr – 396 = 82,5% – haben bereits mit einem PC nach Informationen über Berufe gesucht,[1] das heißt, dass über den eigenen PC hinaus die Schüler unserer Befragung Zugriff zum Internet haben und diesen auch nutzen. Das ist insgesamt ein hoher Wert, der nach einigen Befragungen, wie wir unten angedeutet haben, künftig zunehmen wird und von dem man sagen kann, dass – besonders über einen eigenen PC – mit dem Internet eine Informationsmöglichkeit geschaffen wurde, die bereits jetzt eine große Verbreitung gefunden hat.

Allgemein dürfte für die Schüler am nächsten liegen, wenn sie die Datenbank der BA zur Information über Berufe, ihre Anforderungen und ihre Zugänglichkeit suchen. Es gibt darüber hinaus jedoch noch weitere Informationsmöglichkeiten, die mit dem Computer per online zu dieser Thematik erreicht werden können. Ob sie wirklich bekannt sind und ob sie genutzt werden, bedarf noch einer weitergehenden Befragung. Hier sollen zunächst lediglich diese Informationsmöglichkeiten als Ergänzung und damit zur potentiellen Nutzung aufgelistet werden.

- lehrer-online – diese Datenbanken sind den Schülern nur über die Lehrer erreichbar. Das Projekt lehrer-online entstand aus der Zusammenarbeit des Vereins „Schulen ans Netz" und dem BMBF und der Deutschen Telekom. Diese Datenbank wird ständig erweitert.
- lo-net – Es soll dem Kontakt der Lehrer untereinander dienen. Darüber hinaus gibt es für Nutzer allgemein einen privaten Bereich. Es besteht eine Verpflichtung zur regelmäßigen Nutzung des Portals. An der Schule sollte ein Administrator zur Verfügung stehen.
- Joblab – Es handelt sich um eine Softwarefirma, die hier in diese Beratungtätigkeit eingestiegen ist. Die Software wurde vorwiegend für die Berufswahl von Frauen entwickelt. Hauptinhalte sind technische und naturwissenschaftliche Berufe, besonders auch im IT-Bereich.
- Ready, steady, go ist eine CD-Rom, auf der ein biographisches Planspiel gespeichert ist. Ersteller des Programms ist der DGB – Bezirk Baden-Württemberg.
- LizzyNet – online lernen interaktiv – Auch dies ist ein Projekt von „Schulen ans Netz". Es richtet sich an Mädchen und junge Frauen.
- MeHarvest ist ein Spiel, das von der Agentur für Arbeit Münster und dem Bildungsportal Münster erstellt wurde.

---

[1] Welche Datenbanken und welche Suchmaschinen genutzt wurden, ist mit unseren Fragen in unserer Erhebung nicht erfaßt.

- Schule-Beruf – eine Bank der Handwerkskammer Konstanz und der Agentur Wolfsperger/ Partner. Es dient hauptsächlich der Information handwerklicher Ausbildungsberufe.
- Wege zum Beruf – Von der Senatsverwaltung Bildung, Jugend und Sport, Berlin, zusammen mit Arbeit und Bildung der Gesellschaft für Integration, Sozialforschung und Betriebspädagogik, dem Neuköllner Netzwerk Berufshilfe, der Siemens Professional Education Berlin und der Siemens Technik Akademie, VCAT Consulting, erstellt. Es soll Orientierungshilfe in dem Übergang zwischen Schule und Beruf anbieten.
- Berufsbilder: Informationen zur Berufswahl und Ausbildung vom Berufskundeverlag Alfred Ammacher AG.

Hier entsteht der Anspruch auf weitere empirische Forschung, wie bedeutsam im Zuge einer schriftlichen Befragung die Recherchechancen im Internet für Berufswähler eingeschätzt werden können. Vorher scheint uns noch eine Überlegung zur grundsätzlichen Wirkung von Informationssystemen erforderlich. Dazu greifen wir zurück, weil mit dieser Quelle die akuten gegenwärtigen Fragen noch nicht eingeschlossen waren, auf Interpretationen, die Karl Heinz Seifert[1] im Rahmen seiner Erforschung der Berufswahlprozesse angestellt hat.

Die Erfahrungen bei der Anwendung von Informationssystemen lassen demnach erkennen, dass eine Weiterentwicklung und Verbesserung dieser Systeme entscheidend davon abhängt, ob die Aufbereitung, Darstellung und Übermittlung der darin enthaltenen beruflich-ökonomischen Informationen besser auf die gruppenspezifischen oder individuellen Berufswahlbedingungen bzw. Beratungsbedürfnisse abgestimmt werden.[2] Denn selbst von denjenigen Schülern, die an Berufsberatungsmaßnahmen teilgenommen haben, sind weniger als die Hälfte der Meinung, dass sie gut informiert wurden.

„Die Effizienz der Berufsberatung hinsichtlich der Befriedigung der beruflich-ökologischen Informationsbedürfnisse (wird) von der überwiegenden Mehrheit (der Schüler) als gering eingeschätzt..."[3] Offenbar orientieren sich Berufswähler nicht genau nach den Vorstellungen der Berater und fügen sich nicht problemlos in die Strukturen der Beratungs- und Informationssysteme.
Jugendliche Berufwähler orientieren sich in ihren beruflichen Vorstellungen und Ausbildungsentscheidungen durchschnittlich an dem von ihnen erreichten Bildungsniveau und damit an den erreichbaren Ausbildungsmöglichkeiten. Der Realitätsbezug steigt dabei mit zunehmender Annäherung an die Entscheidungssituation sowie bei unmittelbarer Konfrontation mit eintretenden Restriktionen.

---

[1] Seifert, Karl Heinz, Die Bedeutung der Beschäftigungsaussichten im Rahmen des Berufswahlprozesses, in: Sonderdruck – Mitteilungen aus der Arbeitsmarkt- und Berufsforschung (Kurzfassung) 15/1982/1
[2] vgl. a.a.O., S. 78
[3] ebenda, S. 79

Ökonomische Nachteile und ungünstige berufliche Chancen werden in erstaunlichem Umfang in Kauf genommen. Ungünstige Informationen über unmittelbare berufliche Aussichten, z.B. wenn kein Ausbildungsplatz im gewünschten Beruf oder Betrieb zu bekommen ist, werden als belastend empfunden. Zu einer Lösung dieser Schwierigkeiten bietet eine Internetrecherche aber keine Lösung. Auf die Gründe haben wir oben hingewiesen.

Exkurs

Bevor wir die Ergebnisse unserer Recherche vortragen, möchten wir in diesem Exkurs – da ein direkter Zusammenhang nicht ausdrücklich hergestellt werden kann – das in der PISA-Studie PISA 2003 publizierte Ergebnis zur Vertrautheit der befragten Schüler mit dem Computer referieren, deren Ergebnisse für das deutsche Bildungssystem nicht erfreulich sind und deshalb auch kaum als konstruktives Element zur schulischen Berufsorientierung dienen können.

Deutschland rangiert am unteren Ende der Skala, mit der die Schule als Vermittlungsinstanz für Computerkenntnisse dargestellt wird. Der Durchschnittswert OECD-weit wird mit dem Skalenwert 39, der in Deutschland ermittelte mit dem Skalenwert 21 angegeben. Bei der schulischen Computernutzung belegt Deutschland den letzten Platz. Sehr weit überlegen – quantitativ (ob auch qualitativ?) – wird die Selbstinformation (Kennzahl 29) eingeschätzt. Die Familie und die Freunde vermitteln Computerkenntnisse auch besser als die Schule (Kennzahlen 21% und 12%).

Diese Daten aus der oben genannten PISA-Studie zeigen:

- In der schulischen Computernutzung rangiert Deutschland auf dem letzten Platz.
- Sowohl aus der Familie als auch aus dem Freundeskreis[1] sind die Hilfen zur Information über Computernutzung weit größer als in der Schule.
- Noch mehr Schüler haben die Computernutzung sich selbst beigebracht.
- Die Ergebnisse des schulischen Lernens haben einen geringeren Kompetenzgrad als die von anderen Gruppen erworbenen Kenntnisse.[2]
- Bei deutschen Schülern ist das Computerinteresse im internationalen Vergleich überdurchschnittlich hoch – aber ihre Vertrautheit mit Computern nach eigener Aussage liegt nur auf internationalem Durchschnittsniveau.

Keine günstigen Voraussetzungen für eine erfolgversprechende Recherche über Berufsinformationen im Internet.

---

[1] vgl. die Ergebnisse aus: Beinke, Lothar, Berufsorientierung und peer-groups, Bad Honnef 2004

[2] Das mag auf das praxisorientierte Lernen zurückzuführen sein, das von diesen Gruppen ausgeht.

Erste Ergebnisse der Internetrecherche
- als allgemeiner Überblick

Die oben referierten Ergebnisse zur Wirksamkeit des Internet als Informationsgeber für Berufswähler waren der Ausgangspunkt dafür, dass wir zur Erhärtung der Befunde eine eigene Studie initiierten. Dabei gingen wir – nach den bisherigen Ergebnissen empirischer Ansätze – davon aus, dass der Rang der bisherigen Spitzenreiter – Eltern, Betriebspraktika, BIZ – in der Informationsorientierung zur Berufswahl vom Internet nicht erreicht werden würde, dass zwar nicht der Informationsgehalt aber die Nutzungsmöglichkeiten limitiert sind, und dass sie der Einpassung in ein Netzwerk bedürfen, um ihre Ergänzungsfunktion geltend machen zu können. Allerdings erwarten wir keineswegs ihre Unwirksamkeit. Eine Messung des Aufwandes mit dem Ertrag sollte jedoch aufschlußreich sein.

Die Datenerhebung unserer Studie hatten wir mit einem Fragebogen, der durch einen Schülerbegleitbrief erläutert wurde, in Klassenzimmerinterviews erhoben. Zur Sicherung vergleichbarer Abläufe wurden die Interviews vom Verfasser durchgeführt. Adressaten waren die Schüler der Abschlußklassen allgemein bildender Schulen: Klassen 10 = Realschulen, Klassen 9 = Hauptschulen. In einer Kooperativen Gesamtschule waren die Schüler der entsprechenden Klassen im Realschul- und im Hauptschulzweig unserer Frageadressaten. Auswertbar waren insgesamt 480 Fragebögen, davon 84 = 17,5% Hauptschüler, 345 = 71,9% Realschüler und 51 = 10,5% Gesamtschüler.

Überwiegend wurden die Fragen so formuliert und die Items so gewählt, dass die Antworten durch Ankreuzen gegeben werden konnten. Anders bei der Frage nach der Kenntnis und dem Nutzen der schriftlichen Materialien der BA. Hier waren Antworten auf offene Fragen zu geben. Dieses Verfahren basiert auf der Subhypothese, nach der schon die Erinnerung an Titel der Schriften eine Aussage über die nachhaltige Wirkung dieser Informationen zuläßt. Zur Bewertung der Richtigkeit der Antworten in bezug auf die schriftlichen Materialien wurden diejenigen bestimmt, die von der BA an Schulen und Schüler ausgegeben werden.

Unsere Studie soll durch diese Befragung die oben angedeuteten Hypothesen überprüfen, ob Schülerinnen und Schüler diese neue, sehr individuell handhabbare Informationsmöglichkeit gezielt und engagiert nutzen. Dabei wäre vermutlich ein Handicap für sie, wenn dieses Medium ohne vertraute Unterstützung und ohne Hilfen einer Selektion der eingehenden Informationen keine Kategorien zur Bewertung mitliefert. Deshalb haben wir das Medienangebot der BA, das in Printform vorgelegt wird, ergänzend abgefragt, denn einmal ist damit der Vergleich zwischen moderner und traditioneller Informationstechnik möglich

und zum anderen ist das Printmedium – sowohl durch Schule im Unterricht als auch durch das Elternhaus – ergänzbar durch individuelle Begleitung oder Nutzungshilfe.
Die Printmedien – von der BA mit großem Aufwand an Druckqualität und Auflagenhöhe erstellt und allein deshalb hervorgehoben in vielen BA-Publikationen – erscheinen immer dann als relativ erfolgreich, wenn die Ergebnisse von Erhebungen vom IAB, das der BA sehr nahe steht, vorgelegt werden.

Kommen wir zuerst zu den Ergebnissen der Computernutzung. Der Zugang zum Internet ist für die Schüler in der Regel nicht der erste Schritt zur Berufsinformation. Nur 75 = 15,6% haben als erstes versucht, über das Internet Berufsinformationen zu bekommen. 401 = 83,5% haben sich schon vorher auf anderen Wegen Informationen geholt oder ihnen waren Informationen aus anderen Quellen gegeben worden.

Die nächste Frage hatten wir so gestellt, daß sie nur an diejenigen gerichtet war, die den Schritt Internet nicht als ersten bezeichnet hatten. Allerdings haben auch wenige der anderen Schülerinnen und Schüler auf diese Fragen geantwortet. Für das Ergebnis ist das jedoch unerheblich.
Fassen wir also jetzt die nächsten Antworten für alle Schülerinnen und Schüler, die wir befragt haben, zusammen – Mehrfachantworten waren möglich:
150 = 31,3% nennen den Lehrer, 105 = 21,9% die Freunde, 182 = 37,9% die Eltern, 166 = 34,6% das Praktikum, 77 = 16,0% den Berufsberater, 241 = 50,2% das BIZ als die weiteren Informationsquellen. Das sind – zwar nicht in gleicher Gewichtung – diejenigen Informationsgebern, die auch vor der Nutzungsmöglichkeit des Internets überwiegend bei entsprechenden Befragungen genannt werden. (Tabelle 1)

Tabelle 1: Woher kamen die Infos?

Informant	Häufigkeit	Prozent
Lehrer	150	31,3
Freunde	105	21,9
Eltern	182	37,9
Praktikum	166	34,6
Berufsberater	77	16,0
BIZ	241	50,2

Den Wert der Information aus dem Internet ordnen die Jugendlichen überwiegend gleichrangig neben die übrigen Informationen ein:
332 = 69,2% finden sie genau so wichtig wie andere Informationen. (Tabelle 2)

Tabelle 2: Wie gut waren die Infos aus dem Internet?

Qualität der Information	Häufigkeit	Prozent
Wichtiger als andere	46	9,6
Genauso wichtig	332	69,2
Nicht so wichtig	72	15,0
Keine Antwort	30	6,3
gesamt	480	100,0

Konsequenter Weise sagen auch 315 = 65,6% von ihnen, daß die Informationen aus dem Internet als Ergänzung als brauchbar eingeschätzt werden. Das Internet hat nach diesem Ergebnis kaum einen eigenen Stellenwert. Im Gegenteil: 78,4% = 376 ordnen den Stellenwert der Infos aus dem Internet erst an zweiter oder folgender Stelle. Dass 32% = 154 Schülerinnen und Schüler, die diese Infos erst an dritter und weiterer Stelle einordnen, spricht für die Nachrangigkeit des Internets in der Wertung der Schüler. Die Informationen werden als Ergänzung geschätzt. Dies ist ein Ergebnis, das dem Berufsbildungsbericht 2004 entspricht.

Die Beschäftigung mit dem Internetzugang, um Informationen über Berufe zur Unterstützung der eigenen Berufswahl zu gewinnen, erscheint sehr differenziert. Während 22 Schülerinnen und Schüler = 4,6% das Internetangebot im BIZ nutzen, schätzen 391 = 81,5%[1] die Nutzung des eigenen PCs. Der Zugang zum Internet im BIZ erscheint hinsichtlich seiner Wirkung recht gering, vielleicht nur oberflächlich, obwohl das BIZ als Informationsquelle von der Hälfte aller Schüler genannt wird. (Tabelle 3) Auch nur knapp die Hälfte aller Schüler (221 = 46,0%) bekommt im Arbeitsamt Hilfe im BIZ. (Tabelle 4) Diese Hilfe aber wird nicht von Berufsberatern geleistet, denn das Personal im BIZ kann eher als Hilfspersonal für die Bedienung der Informationsangebote und den Umgang mit den Geräten interpretiert werden. Darüber hinaus wird diese Hilfe von 372 Schülerinnen und Schülern = 77,5% als wenig bis gar nicht hilfreich eingeschätzt. (Tabelle 5)

---

[1] Unter Berücksichtigung der Schülerangaben, sowohl am eigenen PC als auch im BIZ gern gesurft zu haben, bevorzugt fast jeder Schüler/jede Schülerin (92,6%) den eigenen Computer, dessen Attraktivität kaum übertroffen werden kann. Daraus ergibt sich such der hohe Wert des eigenen PC für diese Informationsbeschaffung.

Tabelle 3: Wo surfst du am liebsten?

Standort des PC	Häufigkeit	Prozent
Eigener PC	391	81,5
Berufsberatung (BIZ)	22	4,6
Beide gleich	53	11,0
Keine Antwort	14	2,9
Gesamt	480	100,0

Die größte Beliebtheit für das Surfen im Internet hat bei 92,5% der eigene Computer (bei 11,0% geteilt mit dem Computer der Berufsberatung). Das Surfen im Internet erscheint also den Schülern überwiegend als eine Tätigkeit am eigenen PC zuhause. Die Nutzungsmöglichkeiten der PCs im BIZ sind auch nur eingeschränkt als befriedigend zu bezeichnen.

Tabelle 4: Bekommst du in der Bundesagentur für Arbeit Hilfe beim Surfen?

Hilfe durch BA	Häufigkeit	Prozent
Ja	221	46,0
Nein	199	41,5
Keine Antwort	60	12,5
Gesamt	480	100,0

Fast die Hälfte der Schülerinnen und Schüler geben die BA nicht als Hilfsinstitution für das Surfen an. Wenn auch 46% die Hilfe bejahen, so muß man davon ausgehen, dass diese Hilfen in der Regel nicht für die Nutzung des eigenen Computers gegeben werden, sondern in den Räumen bei der BA – dem Berufsinformationszentrum. Bei den Bediensteten der BA, die ihren Arbeitsplatz im BIZ haben, handelt es sich nicht um „Berufsberater" in der Amtsbezeichnung der Behörde. Darauf haben wir auch in der Interpretation zur Tabelle 2 aufmerksam gemacht. Es sind vielmehr Hilfskräfte, die lediglich im besten Falle Hilfe bei der Gerätebedienung und dem Umgang mit den Informationsmaterialien geben können.

Tabelle 5: Helfen dir die Berufsberater?

Art der Hilfe	Häufigkeit	Prozent
Sehr	58	12,2
Weniger	181	37,7
Kaum	90	18,8
Gar nicht	101	21,0
Keine Antwort	50	10,4
Gesamt	480	100,0

Es ist kaum erstaunlich, dass jeder fünfte Schüler/jede fünfte Schülerin keine und knapp jeder fünfte Schüler kaum Hilfen durch den Berufsberater – in der zuvor genannten Interpretation des Surfens in der BA – erhält, ist doch das BIZ als Selbstinformationseinrichtung eingerichtet. Wenn dann noch 12,2% der Schüler Hilfen bestätigen, sind die vermutlich eher freiwillig ergänzender Natur.

Tabelle 6: Gibt es Hilfe durch die Schule beim Surfen?

Hilfe beim Surfen	Häufigkeit	Prozent
Ja	293	61,0
Nein	263	34,0
Keine Antwort	24	5,0
Gesamt	480	100,0

Zwar kann ein großer Teil der Schülerinnen und Schüler darauf vertrauen, auch in der Schule beim Surfen Hilfen zu bekommen (61,0%), es erstaunt jedoch, dass mehr als jeder dritte keine positive Antwort auf diese Frage gibt. Hier liegt ein Feld brach, das zumindest durch curriculare Einbindung der Internetrecherche zur Berufsorientierung über den bisherigen Stand hinaus verbessert werden könnte. (Tabelle 6)

Tabelle 7: Wenn ja, sind diese Hilfen hilfreicher als die der BA?

Qualität der Hilfen	Häufigkeit	Prozent
Ja	67	14,0
Etwas	142	29,6
Nein	141	29,4
Keine Antwort	130	27,1
Gesamt	480	100,0

Immerhin werden die Hilfen der Schule zu 43,6% – wenn auch bei 29,6% nur wenig besser – recht positiv beurteilt. Immerhin finden fast 30% der Schülerinnen und Schüler die Hilfen der BA recht gut, so dass man etwas vergröbernd sagen kann, die Hilfen durch BA und Schule im Bereich der Internetrecherche über den Computer werden von den Schülern für beide Institutionen gleichrangig bewertet.
Wenn 27,1% der Befragten auf diese Frage keine Antwort geben, so dürfte das aus der Schwierigkeit resultieren, die der Nutzung des PC zuhause entspricht, bei dessen Nutzung Hilfen – weder von der Schule noch von der BA – überhaupt keine Rolle spielen. (Tabelle 7) Eine Bewertung fällt offenbar auch deshalb schwer, weil eine Nutzung des eigenen PC kaum in Form einer Kooperation der Surfer mit anderen organisiert werden kann – mit Ausnahme der Schule, soweit die Suche curricular integriert wird. Ein Nein in dieser Frage gibt zwar keine positive Auskunft über die Schule, aber deshalb auch nicht über die BA, deren Hilfe als ziemlich gering bewertet werden muß.

Eindeutig ist das Urteil der Schüler positiv, wenn das Surfen im Internet für Berufsinformationen auch im Berufswahlunterricht thematisiert werden kann. 284 = 59,2% aller Schülerinnen und Schüler wird diese Möglichkeit gegeben, womit die schulischen Aktivitäten in dieser Hinsicht wohl den positiven Anforderungen sowohl des Themas als auch der Schüler nachzukommen versuchen.

Das Gewicht der Schule beim Surfen im Internet für Berufsinformationen beginnt eine große Rolle zu spielen. Allerdings läßt weder die Suchhilfe allgemein in der Schule noch die Möglichkeit, im Berufswahlunterricht diese Medien zu nutzen, noch keinen Schluß darauf zu, dass hier auch in den Netzen der Bundesagentur für Arbeit gesucht wird. Jedenfalls wird direkt in der Berufsberatung (BIZ) nicht gern gesurft und Hilfen sind dort keinesfalls die Regel. Die Schulen öffnen hingegen dieses Medium für die Informationssuche zum Berufswahlthema deutlicher und helfen bei dessen Erschließung.

Zur Suche von Informationen im Internet zur Berufswahl kann man sagen, dass der Computer auch auf diesem Gebiet als Technik eingesetzt wird, dass aber die Suche (noch) nicht in ihrem Stellenwert an andere Informationsträger heranreicht. Insbesondere bedarf die Informationssuche im Internet der Unterstützung, die weniger in der Arbeitsagentur als in der Schule gegeben wird.

Hier könnte für die künftige Verortung der Berufswahl die Schule ihren Stellenwert verbessern, da der Wert der technischen Zugriffsweise von den Schülern eher in der Ergänzung dieser Information durch andere Quellen gesehen wird – gerade auch durch die Möglichkeiten im Berufswahlunterricht und in den Betriebspraktika.

Geschlechtsspezifische Differenzierungen

Bemerkenswert sind die Ergebnisse, die sich aus der Differenzierung nach dem Geschlecht der Schüler ergeben. 82,7% der Jungen geben an, einen eigenen Computer zu besitzen, nur 62,2% der Mädchen haben einen, aber die Mädchen haben dennoch stärker einen PC-Zugang zur Nutzung des Internets gesucht, um etwas über Berufe zu erfahren. Im Verhältnis der Geschlechter dominieren die Mädchen mit 84,2%, die Jungen bleiben bei 81,0%. Über diese verstärkte Nutzung des Internets haben die Mädchen aber auch deutlich stärker als die Jungen bereits vor der Nutzung des PCs Schritte zur Suche nach Berufsinformationen mit anderen Medien getan. Für 78,5% der Jungen aber 88,4% der Mädchen war die Nutzung des PCs nicht der erste Schritt. Bei diesen Informanten, die wir hier zusammenfassend die „anderen Informanten" nennen, lassen sich wieder eine ganze Reihe von geschlechtsspezifischen Unterschieden feststellen. Die Jungen waren zu 65,8% (156) und die Mädchen zu 71,8% (173) vorher durch die Lehrer informiert.[1] Die Jungen bevorzugten Informationen in Gesprächen mit Freunden (81,9%); die Mädchen sahen in den peers weniger konstruktive Informationsmöglichkeiten (74,3%). Das mag an den in der Regel kleineren peer-groups liegen, zu denen sich Mädchen zusammenfinden.[2] Der Berufsberater spielte in den Berufsinformationen, die vor der PC-Nutzung frequentiert wurden, für beide Geschlechter eine untergeordnete Rolle (14,3% zu 17,8%). Dem Praktikum verdanken 33,8% der Jungen und 35,7% der Mädchen Informationen zur Berufswahl,[3] dem BIZ 48,9% der Jungen und 51,5% der Mädchen. Beide Geschlechter finden die Informationen aus dem Internet als Ergänzung brauchbar.

Welchen Stellenwert gaben Mädchen und Jungen in einer wertenden Stellungnahme den Internetrecherchen? Wir hatten nach der Wichtigkeit – der persönlichen Verwertbarkeit – im Vergleich zu anderen Informationsträgern gefragt. Die oben dargestellten Zusammenhänge in der Ordnung der Häufigkeit der Informationssuche, nach denen die Mädchen trotz geringerer Verfügbarkeit über eigene PC diese Geräte stärker zur Informationssuche nutzen, werden in der wertenden Stellungnahme umgekehrt: Als wichtig schätzen die Mädchen die Computer nur

---

[1] Es erscheint uns nicht plausibel, dass die Lehrer von sich aus bevorzugt die Mädchen angesprochen haben. Die Mädchen hatten auch nicht einen Vorteil durch emanzipatorisch eingestellte Lehrerinnen, denn in den Abschlußklassen dominierten die Lehrer in dem zuständigen Fachbereich. Deshalb vermuten wir, dass die Mädchen stärker initiativ waren und die Lehrer von sich aus um Rat gefragt haben.
[2] Vgl. Beinke, Lothar, Berufsorientierung und peer-groups, Bad Honnef 2004
[3] Ob ein Betriebspraktikum von allen Schülern bereits zum Zeitpunkt der Befragung genutzt werden konnte, ist in dieser Studie nicht erhoben worden. Von einer Schule war es bekannt, dass ein Praktikum erst später organisiert wurde.

zu 14,9% ein. Sie sind gegenüber der Verwendbarkeit der Suchergebnisse kritischer als die Jungen, die die Wichtigkeit mit 21,9% einschätzen.

Die Aktivitäten der Schulen haben allerdings keineswegs geschlechtsspezifische Differenzen egalisieren können: Den Jungen stehen zwar eigene Computer für die Nutzung, über Berufe etwas zu erfahren, zur Verfügung. Das läßt jedoch keineswegs ein Urteil zu, denn 81% der Jungen und 84,2% der Mädchen nennen die Thematik „Sammeln von Berufsinformationen" als den Gegenstand ihrer Surftätigkeit. Auch auf eine positivere Zuordnung der Rolle des Berufsberaters in den Augen der Schülerinnen und Schüler hat die Internetrecherche keine Anhaltspunkte gegeben. Das Praktikum – nahezu für Jungen und Mädchen gleich – erhält, wie in allen Befragungen zu diesem Thema, hohe Zustimmungswerte (33,8% der Jungen – 35,7% der Mädchen), aber das BIZ mit seinen technischen Möglichkeiten ist hier für die Informationssammlung gegenüber früheren Erhebungen verbessert. Immerhin 48,9% (Jungen) und 51,5% (Mädchen) haben hier Informationen im Berufsinformationszentrum der BA gewonnen.

Die Wichtigkeit, die Jungen und Mädchen dem PC einräumen, ist trotz der immer wieder festgestellten Faszination der modernen Technik zu dieser Thematik nicht überwältigend. Knapp 15% der Mädchen sieht in diesem Medium die wichtigste Informationsquelle – warum die Jungen zu 21,9% ein positiveres Urteil fällen, ist aufgrund der klassischen Rollenmuster zwar zu erklären, die sich also hier auch wieder durchsetzen, aber im Detail nicht zu interpretieren.

Fazit I:
Häufige Urteile über die Benachteiligung von Mädchen in der Berufsausbildung – vielfach untersucht in der Genderforschung (Mädchen in Männerberufe!; Girls Day) – die sich u.a. in der begrenzten Auswahl aus dem Gesamtspektrum der Ausbildungsberufe ergibt, treffen nach unseren Ergebnissen auf den Prozeß der Berufsorientierung nicht zu. Erst an dritter und folgenden Stellen finden 32% Jungen und 33% der Mädchen das Internet zur Erstinformation brauchbar. Die Jungen rücken zu 42,2% das Internet an die zweite Stelle, die Mädchen dagegen zu 49,8%. Beide Geschlechter schätzen das Surfen am eigenen PC ungefähr gleichrangig ein. Sowohl die Hilfe durch den Berufsberater als auch die Hilfe in den Schulen in der Berufswahlthematik kennt keine geschlechtsspezifischen Unterschiede. Die Möglichkeit zum Surfen im Berufswahlunterricht ergibt sich für die Mädchen nach ihrem Urteil in begrenzterem Maße, wobei die Ursachen dafür in unserer Erhebung nicht ermittelt werden konnten.

Wenn in der OECD-Studie „Education" festgestellt wird, dass Mädchen besonders bei komplexeren Aufgaben, wie Programmieren oder Erstellen von Multimediapräsentationen, mit den Computerfunktionen weniger vertraut sind als

Jungen, so können wir das nicht widerlegen, denn die Nutzung als Suchinstrument in Berufswahlfragen ist ja sicherlich keine – anders als die von der OECD gewählte Variable – komplexe Aufgabe, es fehlt der direkte Vergleich, der erst bei komplexen Aufgaben aus den Berufswahlrecherchen möglich wäre. Bei dieser einfachen Suchaufgabe sind die Mädchen jedoch nach unserer Studie mit den Computerfunktionen durchaus vertraut und nutzen sie sogar gezielter bzw. häufiger als die Jungen. Das widerspricht der OECD-Studie insofern, als die Mädchen den Computer in dieser Thematik teilweise häufiger als Jungen nutzen. Anders bestätigen unsere Ergebnisse die Aussage der OECD-Studie, dass die Mädchen zu Hause weniger Computer besitzen als Jungen.

Schulformspezifische Unterschiede = soziale Unterschiede

Zwar hat die Mehrzahl aller Schüler einen eigenen PC, aber sein Besitz war ungleich verteilt: bei den Hauptschülern mit 77,4% am höchsten und bei den Gesamtschülern mit 68,6% am niedrigsten. Die Gewichtung der Nutzung steht allerdings in einem umgekehrten Verhältnis. Zu Berufsinformationen benutzten die Realschüler zu 85,2%, die Hauptschüler nur zu 75,0% das Internet. Als ersten Schritt zu Berufsinformationen wählten die Hauptschüler den Computer häufiger – 53,8%; die Realschüler 14,5%; die Gesamtschüler zu 9,8% –. Dass Hauptschüler mit der nachgewiesen (PISA) geringeren Sprachbeherrschung so viel stärker sich zur verbalen Informationssuche im Netz orientieren, erscheint fast als paradox. Man muß befürchten, dass der „Lernerfolg" der Hauptschüler ziemlich gering durch das Surfen gefördert wird. Die Lehrer waren für die Hauptschüler eine der wichtigsten Informationsquellen, nur übertroffen vom BIZ. Auch die Freunde als Informanten waren bei den Hauptschülern häufiger vertreten als bei den Real- und Gesamtschülern.
Schulformspezifik kann erst wieder bei den Informationen aus dem BIZ festgestellt werden. Während die Realschüler zu 46% und die Hauptschüler zu 56% Informationseinflüsse aus dem BIZ nennen, steigt dieser Wert bei den Gesamtschülern auf 68,6%. Hier liegen offenbar besondere Bemühungen der befragten Schule vor, so dass man nicht von einer Schulformspezifik sprechen kann. Hilfen in der Schule beim Surfen nennen 72,6% der Hauptschüler,[1] dagegen 59,4% der Realschüler und 52,9% der Gesamtschüler. Die Gesamtschule zeichnet sich dadurch aus, dass sie im Berufswahlunterricht die Surfmöglichkeiten sehr betont (70,6%).[2]

Fazit II:
Realschüler mit der Nutzung eines eigenen PC und der Möglichkeit, andere PC (in der Familie?) nutzen zu können, verschaffen sich auf diesem Wege zusätzliche Informationen zur Berufswahl. Den Wert dieser Informationen schätzen sie allerdings in einer Rangreihe erst nach den Informationsmöglichkeiten über Eltern, Betriebspraktikum, BIZ, Berufsberater und Lehrer an zweiter oder nachfolgender Stelle ein. Dabei ist der Versuch der Schulen bemerkenswert, diese Recherchen im Internet durch Förderung im Berufswahlunterricht zu unterstützen. Diese Unterstützung mag dazu geführt haben, dass die Informationen, die im Internet eher unstrukturiert gespeichert sind, ohne auf die spezifischen Informationswünsche der jungen Menschen einzugehen, dennoch zu einer positiven

---

[1] Nicht nur in dieser Aussage erhärtet sich die Vermutung, dass Lehrer an Hauptschulen sich der Benachteiligung ihrer Klientel bewußt sind und deshalb auch in der Berufswahl motiviert sind zum Helfen.
[2] Auch dies ist weniger als Schulformspezifik interpretierbar. Es ist hier – nach Rückfrage – eine intensive Initiative der befragten Schule

Bewertung geführt haben, anders als vermutet, denn nach dem OECD-Bericht ist für unsere Thematik der Nutzen in der Schule nicht begrenzter als zu Haus. Hier ist der Computer „Suchinstrument". Spitzenwerte werden von der PC-Nutzung nicht erreicht. Dem Informationsgehalt fehlt als Ergänzung zur Brauchbarkeit eine Didaktisierung, d.h. der Schüler nutzt diese Informationen nur zum Defizitabbau bei seinen bisherigen Kenntnissen. Dazu muß er/sie selektiv vorgehen können. Der PC-Einsatz ist befriedigend wirksam in bezug zu seiner Zielsetzung. Ob da die Verhältnisse: Aufwand (Einrichtung und Pflege der Datenbank, Zeitaufwand für Schüler und Lehrer u.a.) zu Ertrag (brauchbare Informationen) angemessen sind, kann aus unseren Daten nicht eindeutig beantwortet werden. Wir neigen zu einer gewissen Skepsis.

Eine günstigere Nutzung der Computer in der Schule könnte – wenn die Bereitschaft bei den Lehrern wächst – sowohl den Computer unterrichtlich stärker in Berufswahlthemen einzusetzen, als auch den Jugendlichen Unterstützung zu gewähren – auch dann verbessert werden, wenn der Anschluß der Schulen an das Internet in Deutschland zumindest auf den OECD-Durchschnitt (78% OECD; 71% Deutschland) behoben würde.

Die Print-Informationen

Wir hatten abschließend zu unserer Studie noch einen Frageblock an unseren Fragebogen angehängt, mit dem wir erfassen wollten, wie die gedruckten Informationsmaterialien der Bundesagentur für Arbeit, die den Schulen in mindestens ausreichender Zahl jährlich in mehrfacher Klassenstärke zur Verfügung gestellt werden, bei den Schülern als Informationsmöglichkeit gewirkt haben. Wir unterstellten dabei, dass bei Nichterinnerung an die Titel der Druckschriften auch diesen Schriften ein geringerer Informationswert zugestanden werden kann. Diese Deutung hat auch Laatz[1] benutzt, als er die Beratungswirkung der Bundesanstalt für Arbeit mit anderen Beratungsinstanzen verglich. „Sofern sich eine Beratung nach verhältnismäßig kurzer Zeit nicht mehr als relevant im Bewußtsein der Auszubildenden niederschlägt, ist dies ein Indiz dafür, dass die Beratung tatsächlich nicht von großer Intensität und nachhaltigem Eindruck auf den jugendlichen Schulgänger gewesen sein kann. Dieser wenig intensive Eindruck kann auch nicht auf Erinnerungslücken der Auszubildenden reduziert werden."[2] Auch hier differenzieren wir bei den Antwortenden zwischen Realschülern und Hauptschülern. Während in den Realschulen 54,2% der Schülerinnen und Schüler sich nicht an die Titel erinnerten, konnten sich 69,0% der Hauptschüler an keinen Titel der Schriften erinnern. Das läßt sicherlich den Schluß zu, dass für Realschüler diese Schriften aussagekräftiger sind: dass sie mit diesen Druckerzeugnissen bessere Informationen über die Berufsorientierung bekommen – aber auch, dass sie sicherer mit der Schrift umzugehen vermögen.

Bevor wir die Ergebnisse dieses Teils unserer Erhebung knapp zusammenfassen, denn sie werden lediglich als Ergänzung vorgestellt, zitieren wir zum Vergleich Ergebnisse zu der hier gestellten Frage, die sich auf die Schriften der BA beziehen, die wir einer zurückliegenden Studie[3] entnommen habe. Die Frage lautete: „Woher hast Du Deine Kenntnisse über Berufe?" Es durften drei Items ausgewählt werden, einige Probanden haben mehr Kreuze gemacht als drei. Dieses Item, das der Auswertung unterzogen wurde, lautet: „Schriften der Berufsberatung (STEP, Mach's richtig, Beruf Aktuell, Blätter zur Berufskunde)" waren wichtige Informtionen für meine Berufsentscheidung."

---

[1] Laatz, Wilfried, Berufswahl und Berufszufriedenheit der Lehrling, München 1974
[2] ebenda, S. 93
[3] Beinke, Lothar, Elterneinfluß ... a.a.O., S. 69; 90.
Wenn wir auf eine frühere Studie zurückgreifen, finden wir ebenfalls geringe Wertungen für die Schriften der Bundesanstalt für Arbeit. Von neun Items auf die Frage: „Wie schätzt Du die Hilfestellung durch die folgenden Informationsquellen bei Deiner Berufswahl ein?", erreichten die Schriften lediglich Rang 7 – Beinke, Lothar/Schuld, Elisabeth, Bedeutsamkeit der Betriebspraktika für die Berufsentscheidung, Bad Honnef 1996, S. 55

Bei einem Pretest rangierten in dieser Studie die gedruckten Informationsmaterialien bei Schülerinnen und Schülern zu 27% auf Rang 5 in der Gesamtskala von 11 vorgegebenen Items vor Zeitung/Fernsehen (14,6%); Ferienjob (16,6%); Betriebserkundung (8,3%); Berufsberater (10,4%) und Geschwister (6,3%) – damit in der unteren Hälfte der Skala.
In der folgenden Gesamtbefragung haben wir die Zahlen differenziert nach Mädchen und Jungen. Mehrfachantworten waren zugelassen. Im Gesamtergebnis sind die Urteile der befragten Schüler noch ungünstiger. Bei der Gesamtheit der Schüler nannten 79 = 17,7% die Schriften als wichtige Inforamtionsgeber – die Mädchen 21,5%, die Jungen 17,7%. Das bedeutete Rang 6 in der Tabelle der Informationsagenten.
Differenziert man die Ergebnisse nach Schulformen und Geschlecht (mit der Möglichkeit von Mehrfachantworten), vergaben die männlichen Hauptschüler Rang 6 (8,3%) vor Zeitung/Fernsehen (3,0%), Ferienjob (4,3%), Betriebserkundung (6,6%), Geschwister (12,4%). Den gleichen Rang wie die Schriften belegten die Freunde/Mitschüler. Die männlichen Realschüler erreichten Rang 7 (15,7%) für die Schriften. Auch von den Hauptschülerinnen erreichten die Printmedien Rang 6 (13,0%). Nur die Realschülerinnen sahen in den Schriften tendenziell eine bessere Informationsmöglichkeit: Rang 5 (23,7%).

Wenn wir das Ergebnis lediglich nach dem Geschlecht unserer Probanden differenzieren, fanden wir zusammenfassend: Die Mädchen gaben für die Schriften 11,2%, Platz 7, an, die Jungen andererseits schätzten sie nur zu 8,4% = Platz 10. Den Informationswert werteten beide Geschlechter als damit eher unbedeutend.

Auch die Differenzierung nach Stadt/Land ergab für die Schriften keine günstige Einschätzung. Die Stadtschüler setzten sie mit 21,6% auf Platz 7, die Landschüler vergeben mit 16,7% Platz 6.

Tabelle 8: Ergebnisse für die Schriften differenziert nach Schulformen

	%	Rang
Jungen Hauptschule	8,3	6
Jungen Realschule	15,7	7
Mädchen Hauptschule	13,0	6
Mädchen Realschule	23,7	5

Tabelle 9: Ergebnisse für die Schriften differenziert nach Geschlecht

	%	Rang
Mädchen	11,2	7
Jungen	8,7	10

Zurück zu unserer gegenwärtigen Studie.
Dort, wo die Schriften in der Erinnerung der Schüler präsent waren, waren sie fast ausschließlich von den Lehrern - in Hauptschulen mehr als in Realschulen – den Schülern und Schülerinnen vorgestellt worden. Die Berufsberater und das BIZ stellen nur einen verschwindend geringen Anteil der Aushändiger dieser Informationen. Die Tatsache, dass die Schriften von den Lehrern den Schülern präsentiert werden, bedeutet nicht, dass diese Schriften auch unterrichtlich behandelt wurden, denn die Hauptschülerinnen und Hauptschüler nennen zwar zu 75%, die Realschüler aber nur zu 47,2%, dass diese Materialien im Unterricht *behandelt* wurden. Wir vermuten, dass die Lehrer die Printmedien zumindest unterrichtsmethodisch aufbereitet haben.

Vielleicht deshalb haben zwar die Hauptschüler zu 47,6% etwas über ihren Berufswunsch gefunden, aber nur 15,4% der Realschüler. Und nur 20,3% der Realschüler gegen 41,7% der Hauptschüler bescheinigen die Wichtigkeit der Informationen. Aber diese Einschätzung hängt auch mit der Festigkeit der Berufswünsche zusammen. Exakte Vorstellungen von der beruflichen Zukunft die die Schülerinnen und Schüler in dieser Phase des Berufswahlprozesses haben, lassen den allgemein gehaltenen Darstellungen in den Schriften nur eine geringere Wirksamkeit. Das kommt auch zum Ausdruck, wenn nach der Möglichkeit der Berufswunschbestätigung gefragt wird.

Es darf deshalb als lediglich geringer Erfolg gewertet werden, wenn 278 Schülerinnen oder Schüler = 57,9% den Namen *einer* Schrift nennen konnten und bei der Frage nach einer weiteren Schrift 424 = 88,3% Schülerinnen und Schüler keine Angaben machen konnten.
Die Auswertung der Antworten zu diesem Teil unserer Erhebung bedarf allerdings einer ergänzenden Betrachtung. Wir hatten erwartet, dass die Schüler und Schülerinnen Schwierigkeiten hätten, sich an den Titel der Schrift zu erinnern. Deshalb hatten wir keine exakten Vorgaben im Fragebogen gemacht. Bei den Erhebungen unmittelbar in den Klassenräumen erlebten wir dann, dass sehr häufig die Schüler nach genauen Vorgaben fragen. Daraus zogen wir den Schluß, dass die Schüler sich zwar erinnerten, dass das Material zur Berufswahl in der Schule vorgelegen hatte, sie hatten aber keine genaue Erinnerungen mehr daran und konnten deshalb auch nicht deren Wirksamkeit auf ihre Berufsentscheidung beurteilen. Es gilt deshalb, in diesem Fall den „Nichtantworten" unsere Aufmerksamkeit zu widmen.
Unsere Frage nach der Brauchbarkeit dieser Materialien brachte zunächst heraus, dass die Realschüler zu 36,8% keine Antwort gaben. Das entsprach der Frageformulierung, dass diejenigen, die sich an eine Schrift nicht erinnern konnten, nicht zu weiteren Antworten aufgefordert wurden. Aber immerhin

hatten noch hier von über 200 Schülern ca. 170 Schüler Urteile über die Schriften abgegeben, die sich an die Titel nicht erinnerten.
Bei denjenigen, die sich an die Schriften erinnerten, war die Einschätzung der Brauchbarkeit zu ca. 40% als gut bis sehr gut bezeichnet.[1] Schüler, die sich an einen Titel der Schriften erinnerten, waren auch fast zur Hälfte von deren Qualität überzeugt. Es scheint zu stimmen, dass die individuelle Brauchbarkeit im Gedächtnis auch die Erinnerung an den Titel der Schrift erhält. Und damit ist wichtig, dass im Unterricht darauf geachtet wird, dass in der Berufsentscheidung eine deutliche Individualisierung stattfindet.

Für 53,6% der Schüler der Realschulen war wichtig, etwas über den eigenen Berufswunsch (mit 54,8% liegen die Hauptschüler gleichauf) zu erfahren. Ähnlich groß war das Bedürfnis der Schüler, etwas über andere Berufe zu erfahren. Offenbar neigen die Schüler und Schülerinnen bei der schwierigen Lage am Ausbildungsstellenmarkt dazu, andere Berufe beim Scheitern zur Realisierung der eigenen Berufswahl zu berücksichtigen. Die – zwar nicht präzisen – Ergebnisse, die wir aus dem Berufsbildungsbericht 2004 kennen, finden hier eine vorsichtige Bestätigung. Über die Schriften einen Ausbildungsplatz zu finden, erwarten die Schüler in realistischer Einschätzung nur in geringem Maße. Besonders die Realschüler haben kaum ihren Berufswunsch in diesen Materialien gefunden (nur 15,4%).
Der eigene Berufswunsch ist sowohl den Haupt- als auch den Real- und Gesamtschülern überwiegend wichtig. Nach dem was wir über die Informationstheorie wissen, sind diese Materialien also selektiv genutzt worden, um die eigenen Berufswünsche zu finden und dann auch eher zu bestätigen. Über andere Berufe als den gewünschten Beruf wurden weniger Informationen abgerufen.
Es bleibt die Frage, ob der Schule die Auseinandersetzung mit der modernen Informations- und Datentechnik hilft, die erheblichen Defizite abzubauen, die sie durch ihre bisherige Haltung im Rahmen der Berufswahl selbst produziert hat. Dabei muß sie eine Lücke füllen, die von der Bundesagentur für Arbeit bisher offen gelassen wurde: Die Aufbereitung der Informationen unter dem Aspekt einer Berufswahldidaktik, kann auch im Internet nicht gefunden werden. Die fachlichen Informationen im Internet bedürfen zu ihrer Wirksamkeit beim Berufssuchenden der Didaktik. Der Lehrer ist auch hier als Fachdidaktiker gefragt.

Fazit III:
Die Wirkung der schriftlichen Materialien der Bundesagentur für Arbeit ließen nach dem Aufwand für diese Form der Information eine günstigere Beurteilung

---

[1] Von Hauptschülern, obwohl sie sich an Titel der Schriften kaum noch errinnerten, wird deren Wert zu ca. 65% als gut bis sehr gut brauchbar eingeschätzt. Ein Urteil, das wir aus unseren Daten nicht kommentieren können.

erwarten. Die Titel der Schriften sind weitestgehend unbekannt geblieben. Das hat dennoch nicht zu ihrer Unbrauchbarkeit geführt, da durch die Unterstützung der Lehrer diese Schriften dann doch wohl eine angemessene Wertung erfahren haben. Ob diese Schriften aber bei den weiterhin sehr positiven Urteilen über die Betriebspraktika, die Berufsinformationszentren, Elterneinfluß und auch Einfluß der Freunde den bisherigen Aufwand rechtfertigen, mag bezweifelt werden. Das Urteil von Vohland,[1] die STEP-Hefte seien nur begrenzt verwendbar, das vom Lehrerverhalten gestützt wird, (teilweise setzen Lehrer diese Hefte nicht in ihrem Unterricht ein),[2] erscheint begründet, widerspricht aber seiner Verwendungsempfehlung für den Unterricht – unbedingt verwenden – . Schulformspezifisch bei Realschülern gingen dem Netzbesuch rund zu 81% die anderen verfügbaren Quellen voraus. Das Netz ist in aller Regel nur in Kombination mit anderen Medien geschätzt.

Da Berufsberater sich von Hilfen beim Surfen fernhalten, ist trotzdem die Schule der Ort, an dem das Internet seine Unterstützung in Berufswahlfragen findet.

Fazit IV:
Wie weit sind unsere Ergebnisse bestätigt durch die oben genannte OECD-Studie? Da die von uns vorgelegten Daten keinen Anspruch auf Repräsentativität erheben, eher heuristischen Charakter haben, dürfte bereits ein knapper Vergleich einen Eindruck von dem Gewicht unserer Studie vermitteln.

Auch für den Berufswahlunterricht könnte gelten, dass Computer an
deutschen Schulen nicht als zentraler Bestandteil des Unterrichts – auch nicht des Berufswahlunterrichts – angesehen werden, und dass die Lehrer/Lehrerinnen das Potential der Computer für Lehren und Lernen zwar allgemein wenig hoch einschätzen, durch ihre Unterstützung des Surfens in Datenbanken in der Berufsorientierung aber Chancen für die Schule zu nutzen versuchen. Es scheint die Einsicht zu steigen, dass zugängliche Informationen durch Aufnahme in den Unterricht hinsichtlich ihrer Wirkung für die Interessen der Schüler ihren Informationsgehalt besser übertragen können.

---

[1] Vgl. Vohland, Ulrich, a.a.O., S. 297
[2] ebenda, S. 226, 228

Ergebnisse der Sonderauswertung der Befragung zur Internetnutzung/ Berufswahl und der Schriften der BA in den Gesamtschulen Kassel, Schenklengsfeld und Osnabrück

Im Laufe der Recherchen in den Schulen und den sich ergebenden erweiterten Diskussionen mit den beteiligten Schulleitern und Lehrern fanden wir eine Chance, durch zwei ergänzend eingeworbene Befragungen in hessischen Kooperativen Gesamtschulen – in Kassel die eine, in Schenklengsfeld die andere – eine Auswertung im Vergleich mit den in Osnabrück erhobenen Daten an der Kooperativen Gesamtschule Schinkel anzustellen, – wenn auch mit begrenzter Aussagefähigkeit[1] [2]. Nach der Darstellung der einzelnen Schulen erfolgt der Vergleich, mit dem diese Form der Gesamtschulen ihre Arbeit im Vergleich zu den Haupt- und Realschulen vertreten können.

Das Ergebnis, das bisher vorgestellt wurde, enthält die erhobenen Schülerdaten aus drei Schulgattungen: Hauptschule, Realschule, Gesamtschule. Weil die Gesamtschulen auch in ihrer kooperativen Form nicht zu den traditionellen Schulen zählen, sollte eine Auswertung, die sich auf die besondere Strukturform und den Bildungsanspruch dieser Schulform bezieht, auch Aussagen über die diesem Schultyp inhärente spezifische Ausprägung machen. Die Auswahl dieser Schulen rekrutierte sich aus den Bundesländern Hessen und Niedersachsen und gestaltet damit – wenn auch nicht repräsentativ – Aussagen über die Länderspezifik dieser Schulen. Durch die Auswahl der Gesamtschule in Kassel wurden die Aussagemöglichkeiten der ganzen Studie durch diese Wahl der Schule erweitert. Denn diese Schule als Schule in einem sozialen Brennpunkt kann – wenn auch nur perspektivisch – auf Probleme der Berufswahlunterstützung für diese Regionen aufmerksam machen.

Das Sample setzt sich wie folgt zusammen:

Tabelle 8: Die beteiligten Gesamtschulen

	keine Ang.	männlich		weiblich		gesamt
KGS Osnabrück	3	55	53,4%	45	43,7%	103
KGS Schenklengsfeld		41	56,9%	31	43,1%	72
KGS Kassel		33	52,4%	29	47,6%	63
gesamt	3	129	54,2%	105	44,3%	238

---

[1] Hier gelten besonders die Ausführungen, die wir im Kapitel über die Probleme der Generalisierbarkeit auch unserer Daten erörtert haben.
[2] Wir danken für die Möglichkeit Herrn Harri Berndt, s.Z. Schenklengsfeld, für die Unterstützung herzlich.

Alle drei Gesamtschulen sind Kooperative Formen, die – was für diesen Schultyp generell gilt – in ihren Strukturen nicht identisch sind. Sie sind auch nicht nur durch die zwei Bundesländer unterschiedlich charakterisierbar, sie sind eher durch ihre Lage charakterisierbar. So ist Kassel eine Schule in einem sozialen Brennpunkt, Osnabrück ist eine Gesamtschule mit angeschlossenem Gymnasium, das über die bei der Gründung diskutierte Einführung dieser Schulform nicht nur schulpolitische Akzente setzen sollte, sondern auch durch die Wahl des Ortes zusätzliche gesellschaftspolitische (Förder-)Gesichtspunkte realisieren sollte. Die Schule in Schenklengsfeld kann man als Mittelpunktschule bezeichnen, die im Rahmen der hessischen Bildungsreform eingerichtet wurde.

Vorweg kann ein wesentlicher Aspekt des Vergleichsergebnisses hervorgehoben werden: Die Ergebnisse sind nicht nur in regionalen Zielsetzungen recht verschieden, womit sie auch für einen Vergleichsansatz zu den unterschiedlichen Bedingungen unter den anderen Schulformen (Haupt-, Realschulen und Gymnasien) stehen. Die Ergebnisse sind auch verschieden in Bereichen, in denen es keine festen Curricula/Lehrpläne gibt. Die Erfolge haben dann einen hohen Abhängigkeitsgrad von dem Engagement der Lehrer/Lehrerinnen und den Berufsberatern. Es können noch andere Einflußfaktoren hinzukommen.

Ein Vergleich eines Teils der Fragen wurde dadurch unmöglich, dass aus der Gesamtschule in Kassel vom größten Teil der befragten Achtklässler der zweite Teil des Fragebogens, der sich mit den Schriften/Materialien befaßt, nicht beantwortet wurde. Die übrigen Fragen sind durchaus in allen drei Schulen vergleichbar. Auch hier ist jedoch zu beachten, dass in Kassel ein hoher Anteil auch dieser Fragen – jedenfalls ein weit höherer Anteil als in den anderen Schulen – nicht beantwortet wurde. Das wurde in dem Vergleich bei der Darstellung der Ergebnisse mit vermerkt.

Die Geschlechterrepräsentanz aller beteiligten Gesamtschulen entspricht eher dem Erscheinungsbild – ohne ihre gymnasialen Züge – der Hauptschulen. Eine grobe Aussage: Dieser Gesamtschultyp ist eher ein Repräsentant der Hauptschülerpopulation eines Jahrganges. Doch bevor das gesamte Ergebnis dieser Schulen dargestellt wird, sollen die Profile der einzelnen Schulen vorgestellt werden.

Die unterschiedlichen Arbeitsbedingungen, denen die Schulen insgesamt in ihren Orten und in ihrem Umfeld ausgesetzt waren und sind, werden durch den Vergleich der ersten Frage sehr deutlich. Bei der Frage, welche Schülerinnen und Schüler in nicht vollständigen Familien (alleinerziehend) leben, nannten in Schenklengsfeld 81,7% vollständige Familien, in Osnabrück 74,5% und in Kassel 65,1%. D.h. in Kassel gehörten 30,2% aller Schülerinnen und Schüler, zu denen, die „allein erzogen" werden. Ebenso wird aber auch der sehr positive soziale Hintergrund der Schule in Schenklengsfeld deutlich, in dem man aufgrund dieser Daten vermuten kann, dass entsprechende soziale Defizite in der Eltern-/Schülerschaft kaum beachtenswert vorhanden sind. Die Werte von Osnabrück lassen sich für Städte als durchaus durchschnittlich interpretieren.

Zunächst werden die Schulen in ihren Einzelergebnissen vorgestellt.

Auswertung der Fragebogenergebnisse aus der Carl-Schomburg- Gesamtschule in Kassel[1] zum Internetgebrauch.

Eine Befragung in Klassen im Prozeß der Berufswahl sollte sich der Frage zuwenden, wieviel Schülerinnen und Schüler in diesem Prozeß zur besseren Informationsbeschaffung das Internet nutzen. Mit der Carl-Schomburg-Schule wurde über die allgemeine Befragung hinaus eine besondere Datenerhebung vereinbart, da diese Schule im sozialen Brennpunkt – so wurde vermutet – abweichende Ergebnisse zu unserer Thematik ergeben würde. Mit der Nutzung von Querverbindungen zu den anderen befragten Schulen ergibt sich eine Chance, über Vergleiche Ansätze zu Veränderungen zu erkennen. Die unterschiedlichen Ergebnisse können analytisch aufgegriffen werden.

Befragt wurden mit dem gleichen Fragebogen, wie er den Schülern der anderen befragten Schulen[2] vorgelegt wurde, die Schülerinnen und Schüler des neunten Jahrganges. 63 auswertbare Fragebogen liegen dieser Ergebnisfassung zugrunde.

Schulen in sozialen Brennpunkten sind – grob gesprochen – dadurch definiert, dass überwiegend Eltern der sozialen Unterschicht (hier auch ausländische Mitbürger) im Einzugsbereich der Schule wohnen. Das läßt vermuten, dass in einem solchen sozialen Brennpunkt Unterschiede zwischen den Schülern und den Schülerinnen im Vergleich zu anderen Schulen bestehen.

Das Ergebnis der Frage nach dem Wohnen in vollständigen Familien oder bei alleinerziehenden Müttern ergab eine Bestätigung dieser Vermutung. Während von den männlichen Schülern 18,2% allein erzogen werden, sind es bei den Mädchen 44,8%. Das sind im Mittel 31,5%. Bei der Carl-Schomburg-Schule handelt es sich um eine besonders belastete Schule in Kassel, deren Bemühungen um eine Lösung besonderer Förderung bedarf. Man kann sagen, dass hier Unterschichtenverhalten zu einer starken Diskriminierung der Schülerinnen führt, denn der Mittelwert in den übrigen Schulen der Studie zeigt 26,5% Alleinerziehende, allerdings auch 36,5% bei den Mädchen. Die Schüler und Schülerinnen der Hauptschule stellten mit 34,5% im Mittel den höchsten Anteil der Kinder von Alleinerziehenden – wieder bedingt durch den hohen Mädchenanteil.

In bezug auf unsere Thematik – zunächst Besitz eines eigenen PC – wiederholt sich dieser Sachverhalt: während nur 9,1% der Jungen verneinten, einen eigenen

---

[1] Die dieser Studie zugrunde liegende Erhebung war nur möglich mit dem Einverständnis und der Unterstützung des Schulleiters der Carl-Schomburg-Schule: Alfred Gryscyk. Wir danken ihm an dieser Stelle herzlich.
[2] Die gleiche Erhebung wurde in mehreren Schulen Niedersachsens und in der Gesamtschule Schenklengsfeld in Hessen durchgeführt (s. ebenda, S. 58)

Computer zu haben, sind es 41,4% der befragten Mädchen. Wir geben hier noch einmal einen Vergleichshinweis: in der Vergleichsschule in Hessen hatten 12,2% der Jungen und 22,6% der Mädchen keinen eigenen PC. Entsprechend ungünstig ist auch das Suchverhalten der Mädchen (55,2% suchen im Internet nicht nach berufsrelevanten Informationen). Aber trotz der deutlich besseren Lage der männlichen Schüler hinsichtlich der Ausstattung mit PC nutzen diese nur zu 57,6% ihren PC zur Informationssuche nach berufsrelevanten Themen. Der große Nachteil der Mädchen, von denen fast die Hälfte (41,4%) keinen eigenen PC besitzen, überrascht. In Kassel nutzen 49,2% einen PC zur Informationssuche, die Mädchen aber nur zu 41,4% – wie oben bereits vorgetragen.

Die Schülerinnen und Schüler haben ziemlich gleichgewichtig die Suche nach Berufsinformationen kaum über das Internet gesucht. Das entspricht eher dem Normalverhalten. Sie haben von ihren Lehrern (39,4% der Jungen – 37,9% der Mädchen) zu einem guten Drittel Hilfen – ohne Internet – erhalten, von den Freunden haben die Jungen genau soviel Informationen wie von den Lehrern (39,4%), allerdings bleiben die Mädchen hinter diesen Informationsquellen zurück (27,6%). Die Eltern sind auch hier bei den Jungen (42,4%) wichtige Ratgeber, die Mädchen sind allerdings eher auch von den Eltern benachteiligt – nur 27,6% geben die Eltern als Informanten zu Berufsdingen an. Im Vergleich der Schulen ein mittlerer Wert. Zum Berufsberater halten die Schülerinnen und Schüler fast totale Distanz oder dieser zu ihnen. Das Praktikum hat ihnen nur in geringem Maße (15,2% der Jungen – 17,2% der Mädchen) Berufsinformationen vermittelt. Auch das BIZ rangiert unter den weniger wirksamen Informanten (Jungen 30,3% - Mädchen 20,7%).

Bei der Einstufung der Qualität der Informationen neigen die Schülerinnen und Schüler dazu, einer Aussage möglichst auszuweichen. Gemeinsam mit den nicht gegebenen Antworten sind fast drei Viertel der Meinung, dass beide Informationsmöglichkeiten – über Netz oder über die anderen vorgestellten Informationsagenturen – (gefragt wurde nach dem Einfluß der Lehrer, der Freunde, der Eltern, der Berufsberater, des Praktikums und des BIZ) gleichgewichtig seien.

Die Zurückhaltung gegenüber dem Internet drückt sich mit 9,8% Ja-Stimmen sehr schwach aus. Entsprechend gering ist die Bedeutung der Berufsberater (nur 7,8% positiv). Ein Urteil zum Wert der Meinung geben auch im Vergleich die Schüler kaum ab – 72,5% sehen alle gleich wichtig. Eine Beurteilung ist deshalb nur über die Häufigkeit der Nutzung - wie sie oben beschrieben wurde – möglich. Da der erste Zugriff zu Informationen nicht über das Netz erfolgt, wird das Ergebnis im Berufsbildungsbericht bestätigt, womit das Internet eine Ersatzfunktion für weniger erfolgreiche Schüler ist.

Das Surfen im Unterricht spielt eine deutlich herausgehobene Rolle in Kassel, besonders bei den Mädchen (62,1%), aber auch fast die Hälfte der Jungen (48,5%) können Informationen durch Surfen im Unterricht gewinnen. Allerdings werden die Qualitäten, die aus dem Internet herausgelesen werden, ungünstig

eingestuft. An erster Stelle ordnen nur wenige (24,2% der Jungen – 17,2% der Mädchen) das Internet ein. Für mehr als 1/3 der Jungen rangiert es erst an dritter und folgender Stelle (bei den Mädchen 1/4).
In Kassel wurde der Wert der Netz-Informationen noch kritischer beurteilt: rd. ein Drittel schätzt die Netz-Infos weniger brauchbar ein. Kasseler Schüler setzen zu 20% das Internet an die erste Stelle, 55% an die zweite und knapp 30% auf hintere Plätze. Dabei urteilen Schüler aus dem Realschulzweig kritischer. Ein Grund dafür könnte die Struktur der Netzinformationen sein, die nicht individuell ausgerichtet sein können und auch nicht in ein komplexes spezielles Curriculum integrierbar sind.

Die Internetmöglichkeiten, die das BIZ bietet, werden von der Kasseler Schule zwar nicht überwiegend, aber doch bemerkenswert genutzt. 30,3% der Jungen – 34,5% der Mädchen nutzen das Internet im BIZ. Die Jungen surfen ganz überwiegend (87,9%) auf dem eigenen PC – sie halten das private Surfen dort für ergiebiger. Dass 51,7% der Mädchen einen PC nutzen, liegt auch daran, dass sie weniger eigene Computer besitzen, aber dennoch wohl über vielleicht familieneigene (väterereigene) Zugangsmöglichkeiten ins Internet verfügen. 1/3 der Mädchen (34,5%) schätzen den eigenen PC und das Surfen in der Berufsberatung als gleichrangig ein. Allerdings bietet das Arbeitsamt nur wenigen Hilfen an. Drei Viertel verneinen die Frage nach Hilfen durch die Arbeitsagentur und mehr als die Hälfte (54,5% der Jungen – 55,2% der Mädchen) werden vom Berufsberater bei diesem Medium gar nicht unterstützt.[1]
Es zeigt sich wieder die gleiche Hochwertigkeit des eigenen PC. Dass die Mädchen dabei zurückfallen, liegt an dem Mangel an privatem PC-Besitz. In Kassel beurteilen nur 25,4% der Schüler die Hilfe der Berater in der Arbeitsagentur positiv.

Tabelle 11: Wie beurteilst Du die Hilfe der Bundesagentur für Arbeit?

	sehr	weniger	kaum	gar nicht
Kassel	15,9%	4,8%	15,9%	55,6%

Anders wird dagegen die Hilfe in der Schule beurteilt. Dort sagen drei Viertel (76,3%) der Jugendlichen, sie bekämen Hilfen in der Schule, gleich verteilt auf beide Geschlechter. Hier kann man sagen, dass viele Diskriminierungen, viele fehlende Hilfen, in diesem Falle durch die Schule kompensiert werden.

Ein ähnlich positives Gewicht hat die Schule bei der Behandlung der schriftlichen Informationsmaterialien der Bundesagentur für Arbeit. Zwar werden die

---

[1] Hier gilt auch unsere oben vorgestellte Rolle der Bediensteten im BIZ, die keine Berufsberater sind, vielmehr eher als Hilfskräfte eingestuft werden müssen.

Lehrer als Vermittler dieser Schriften nicht wie erwartet positiv gewertet, aber im Vergleich mit den anderen Beschaffungsmöglichkeiten (Berufsberater und BIZ) sind es überwiegend dann doch die Lehrer, die die Schriften vermitteln und die dann auch in gleicher Weise für eine unterrichtliche Behandlung sorgen. Diese Schriften werden auch von den Schülerinnen und Schülern sehr hoch eingestuft (42,4% der Jungen und 48,3% der Mädchen). Da hier nur eine geringe Zahl der Schüler die schriftlichen Materialien betreffenden Fragen beantwortet haben, lassen sich hieraus keine weiteren Interpretationen ableiten. Vor allen Dingen sind keine Hinweise daraus möglich, wie die Schriften didaktisch verbessert in den Unterricht integriert werden könnten. Da 60,6% der Jungen und 44,8% der Mädchen die Verständlichkeit der Schriften gut beurteilen, darf man hier unterrichtliche Unterstützung vermuten.

Wir vermuten weiterhin, dass die Schule im schuleigenen Schullandheim bei dieser Informationslage, wo die Informationen aus praktischen Erfahrungen gering geschätzt werden, ihre Möglichkeiten aufgreift. Sie nutzt hier auch besonders die Experteninformationen über Berufstätigkeiten und Ausbildungserfahrungen, die über besondere Vorträge und Diskussionen in zwangloser Atmosphäre veranstaltet werden.

Internet-Auswertung Schenklengsfeld

Charakterisierung der hessischen Schule – Additive Gesamtschule – in Schenklengsfeld (Großgemeinde Friedewald u.a.)

Das Einzugsgebiet dieser Schule ist ein ländlich geprägter Bereich des Landekker Amtes. Damit ist die Schule wohnortnah mit umfassendem schulischem Angebot in Zusammenarbeit mit dem Schulverbund der Grundschulen in Friedewald, Mansbach, Ransbach und Schenklengsfeld. Ein weiterer Kontakt besteht zur gymnasialen Oberstufe an der Modellschule Obersberg in Bad Hersfeld. Gesamtschülerzahl dieser Schule = ca. 480 Schülerinnen/Schüler. Schenklengsfeld ist ein Schulort in der Nähe von Hersfeld, eine kooperative Gesamtschule in Osthessen mit einem nahezu industriefreien Raum mit kaum einer größeren Stadt in der Nähe.

In Schenklengsfeld wurden insgesamt 72 auswertbare Fragebogen zurückgeschickt, davon 31 von Schülerinnen, 41 von Schülern (43% zu 57%). Nur insgesamt 6 = 8,3% aller Schüler lebt in unvollständigen Familien (alleinerziehend).

77,4% der Schülerinnen und 87,8% Schüler verfügen über einen eigenen PC, das sind für alle Schüler 83,3%. Das ist ein Durchschnittswert, der bei einer Differenzierung wieder die Unterschiede zwischen den Geschlechtern aufweist. Wie schon in den anderen Untersuchungen, nutzen die Mädchen stärker einen Computer als die Jungen. 93,5% der Mädchen und 90,2% der Jungen nutzen ihren PC auf der Suche nach Informationen zur Berufsorientierung. Die männlichen Schüler des Hauptschulzweiges haben nach eigenen Angaben – verglichen mit den anderen Schülergruppen – häufiger einen eigenen Computer. Da sie ihn weniger häufig nutzen, halten sie Initiativen zur Recherche im Internet zur Erkundung von Berufswahlchancen für wenig attraktiv.

Überwiegend war das Suchen im Internet nicht der erste Schritt der Schülerinnen und Schüler, um Informationen zur Berufsorientierung zu erhalten. Allerdings hatten zwar nur 19,5% der Jungen, aber 25,8% der Mädchen den ersten Weg über das Internet gesucht. Auch hier erscheint den Mädchen das Internet attraktiver. Differenziert man nach den Schulzweigen, erweist sich das Geschlechterprofil abhängig davon, ob die Schüler den Realschul- oder den Hauptschulzweig besuchen. Im Realschulzweig waren es insbesondere die Mädchen (38,9%), die mit dem PC den ersten Schritt taten, während im Hauptschulzweig mit 26,1% mehr Jungen im Internet suchten. Wie weit es sich um eine Schulformspezifik handelt, bedürfte weiterer Analysen.
Was waren nun die Konkurrenzinformanten des Internets für die Schüler und Schülerinnen in Schenklengsfeld?

41% aller Schülerinnen und Schüler nennen den Lehrer als Informanten, wobei es sehr starke Schwankungen zwischen den Geschlechtern gibt (53,7% bei den Jungen; 27,8% bei den Mädchen). Ein noch größerer Unterschied besteht zwischen den Schulzweigen: im Realschulzweig wurden 27,8% Nennungen für die Lehrer, im Hauptschulzweig 55,6% Stimmen für diese abgegeben. Auch hier gab es wieder deutliche Übergewichte bei den männlichen Schülern. Ist hier noch die Bevorzugung der männlichen Schüler durch die Lehrer zu finden? Ist die Vorstellung davon, dass es für Jungen wichtiger sei, erfolgreich in das Berufsleben zu starten, noch vertreten? Resultiert daher, dass die Mädchen sich eher auf ihre eigene Initiative verlassen und im Internet surfen? Gibt es Einflüsse, die dem speziellen Kollegium zuzuordnen sind? Diese Fragen sind aus den Daten unserer Erhebung nicht zu beantworten.

Die Freunde spielten eine nahezu unbedeutende Rolle bei beiden Geschlechtern in den Realschulzweigen. Hingegen waren die Eltern wichtige Informanten (44,4%). Auch hier gab es wieder ein deutliches Übergewicht bei den männlichen Schülern (56,1% zu 29,0% bei den Mädchen). Eine Schulformspezifik ist nicht feststellbar, nur die Geschlechterverteilung ist im Realschulzweig besonders stark ausgeprägt.

Im Gegenzug zu den Lehrern sind die Berufsberater fast aus all diesen Beratungshilfen ausgeschlossen – oder haben sie sich ausgeschlossen? Die Nennungen für sie tendieren gegen 0%.
Mit dem Betriebspraktikum schlägt das Pendel wieder zur anderen Seite aus: Es erfährt eine starke positive Wertung. 43,1% der Schüler – nahezu im geschlechtlichen Gleichgewicht – nennen das Praktikum als das von ihnen präferierte Informationsmedium und geben ihm damit einen hohen Stellenwert. Differenziert nach Schulzweigen zeigt das Ergebnis, dass über die Bewertung des Betriebspraktikums eine Spezifik vorliegt, die zugunsten der Realschule ausschlägt (55,6% Realschüler aber 30,6% Hauptschüler stufen den Wert des Betriebspraktikums positiv ein). Weiter differenziert nach dem Geschlecht, muß das Bild der Einheitlichkeit korrigiert werden. Dem Betriebspraktikum wird von den männlichen Realschülern zu 61,1% eine größere Bedeutung zugemessen, während nur 26,1% der männlichen Hauptschüler dieser Kategorie zustimmen. Im Gegenzug dazu sagen 50% der Realschülerinnen und 38,5% der Hauptschülerinnen, dass sie Präferenzen für das Betriebspraktikum haben. Die Ursache für diese Differenzen kann aus unseren Daten nicht erschlossen werden, deshalb wäre ein Versuch dazu spekulativ. Allerdings fordern diese Differenzen dazu auf, den Betriebspraktika bei Hauptschülern größere Beachtung, evtl. bessere Betreuung und Hilfen bei der Berufswahl zu geben.

Dem BIZ haben sich fast 70% aller Schüler und nahezu ohne geschlechtsspezifische Ausprägungen als Informationsagenten zugewandt. Auch hier kommt eine Schulzweigspezifik zum Tragen: 58,3% der Realschüler, die das BIZ angeben, stehen 80,6% der Hauptschüler gegenüber.

Bei der Bewertung aller Medien[1] im Vergleich miteinander hat die überwiegende Zahl aller Schüler (50,0%) für eine gleichrangige Bewertung plädiert. Günstigere Werte für das Internet sahen die Mädchen mit 22,6% (gegen 7,3% der Jungen). D.h., jedes vierte Mädchen setzte die Wertigkeit des Internet an die erste Stelle aller Medien. Dieser Unterschied hält sich auch prinzipiell im Vergleich der beiden Schulzweige – Haupt- und Realschule. Die Ergebnisse für die Daten, die uns die Jungen nannten, sind – das darf man wohl sagen – nicht ermutigend.

Die Geschlechterpräferenz setzt sich fort: Für die Jungen sind die Informationen des Internets zu 80,5% brauchbar, für die Mädchen zu 90,3%. Während die männlichen Realschüler eine höhere Wertung vornehmen (88,9% gegen 73,0% der Realschülerinnen), befürworten 83,3% Realschülerinnen und 100% Hauptschülerinnen die Brauchbarkeit. Diese Urteile sind nur in geringem Maße aussagekräftig, weil die Kategorie „Brauchbarkeit" Ermessensspielräume läßt. Erstrangigkeit kann aus ihr nicht abgelesen werden.
65,9% Jungen und 48,1% Mädchen setzen das Internet an die zweite Stelle. Dagegen ist die Nachordnung des Internets wieder ein Beleg dafür, dass die Mädchen deutliche Präferenzen zugunsten des Internets haben.

Von allen Schülern wird das Internetangebot des BIZ genutzt. Beim Surfen bedienen sich die Schüler überwiegend des eigenen PC, ohne Unterschiede bedingt durch Schulform oder Geschlecht. Der Bundesagentur für Arbeit wird – besonders von Schülern des Realschulzweiges – eine hohe Unterstützung zugeschrieben, die in beiden Schulformen deutlicher von den Schülerinnen genannt wird. Den Berufsberatern haben die Schüler zwar weniger Hilfen bescheinigt, allerdings gibt es doch 19,4% (bei beiden Schulformen gleich), die diese Beratung als sehr gute Hilfe empfinden.[2] Die Hilfe der Schule wird – nahezu geschlechtsunspezifisch – sehr positiv bewertet – bei leicht besserem Urteil der Realschüler.

Das Surfen im Unterricht, um Informationen zur Berufsorientierung zu bekommen, ist an dieser Schule in hohem Maße möglich, mit den Spitzen im Realschulzweig und bei den Mädchen. Insgesamt sagten 86,1% der Schüler und Schülerinnen, dass das Surfen im Unterricht an dieser Schule möglich ist.

---

[1] Hier wurden die sowohl die üblicherweise genutzten Medien und das Internet zusammengefaßt.

[2] Auch hier gilt wieder der Hinweis, den wir auf S. 58 gegeben haben.

Schriften

In Schenklengsfeld war die Frage nach den Schriften deutlich positiver beantwortet als in den anderen befragten Schulen. Nur 30,6% der Schüler gaben keine Antworten, nahezu bei beiden Geschlechtern gleich. Herausragend sind die Nennungen für „Beruf aktuell" mit 43,1%, bevorzugt von den Mädchen (48,4%); unter den folgenden Materialien wurden von den Jungen „Was werden?" präferiert. Im Hauptschulzweig wurde „Beruf aktuell" über dem Durchschnitt berücksichtigt, im Realschulzweig dagegen nur 27,8%. Diese Schrift erhielt kaum Ergänzung durch andere Materialien, d.h., da die Nennung nicht nach Vorgaben – also offen – erfolgen mußte, weist das Ergebnis darauf hin, dass sich die Schüler an keine weiteren Schriften der Berufsberatung erinnerten. Auch als nach weiteren Schriften gefragt wurde, blieb „Beruf aktuell" favorisiert, aber in der Hauptschule noch ergänzt durch „Mach's richtig" (44,4%). Überwiegend wurden die Schriften gut beurteilt (61,1%), aber besonders von den Mädchen (71,0%). Die Jungen schätzten sie zu 53,7%. Eine sehr gute Beurteilung der Schriften insgesamt gab es von 19,4% der Schüler.

Als diejenigen, die ihnen die Schriften zur Verfügung stellten, gelten zu 79,2% die Lehrer und Lehrerinnen. Hier empfinden die Mädchen, dass sie von den Lehrern stärker berücksichtigt werden. Im Vergleich mit den Ergebnissen aus den anderen Schulen wird damit der Eindruck und/oder die Verhaltenweisen, die Lehrer üben, als Urteilelement der Schülerinnen hervorgehoben. Die Berufsberater sind von der Zurverfügungstellung der Schriften nahezu ausgeschlossen, während die Möglichkeiten sich im BIZ der Schriften zu bedienen teilweise genutzt wurden (19,4%).

55,6% aller Schüler sagen, dass sie eine unterrichtliche Behandlung der Schriften erfahren hätten, deutlicher in der Hauptschule als in der Realschule (63,9% zu 47,2%). Allerdings sind die Ergebnisse zwiespältig: Den Berufswunsch haben 66,7% der Schüler in den Materialien nicht gefunden (70,7% Jungen – 61,3% Mädchen). Die Schulzweigzugehörigkeit spielt hierbei keine Rolle.

Bei der abschließenden Bewertung der Schriften werden diese von den Mädchen deutlich besser als von den Jungen beurteilt. Während die Jungen die Informationen daraus nur zu 34,1% = sehr wichtig einstufen, geben 40,2% der Mädchen dieses Urteil ab.

Wir wollten dann noch herausfinden, welche Informationen für die Schüler in den schriftlichen Materialien waren, die letztlich ihre Entscheidung beeinflussen konnten. Wir hatten folgende Antwortmöglichkeiten vorgegeben:

- einen anderen Beruf finden
- mehr über den Berufswunsch erfahren
- einen Ausbildungsplatz finden
- Dauer der Ausbildung
- Verdienstmöglichkeit
- Übernahme nach der Ausbildung in den Ausbildungsbetrieb.

50% nannten „einen anderen Beruf" finden als den, den sie sich schon vor der Arbeit mit den Materialien erwählt hatten – also den Wunschberuf (besonders bei den Jungen 63,4%). Mädchen wollten einen anderen Beruf nur in 32,3% aller Fälle suchen. Hier kommt zum Tragen, dass die Schüler den Vorgaben der Berufsberater nachgehen, ihrem Berufswunsch Alternativen beizugeben, sowohl um die Chancen zu erhöhen, als auch um eher den „richtigen" Beruf zu finden. Diese Konstruktion von Alternativen führte überwiegend zur Festigung des Wunschberufes. Das Sinnvolle dieses methodischen Vorgehens dürfte sich erst dann erschließen, wenn der Wunschberuf (erste Wahl) mit dem tatsächlich gewählten Beruf verglichen werden könnte. Unsere Klientel war aber noch im Prozeß der Berufswahl.

Nach Schulformen differenziert suchen die Hauptschulzweigteilnehmer erheblich öfter nach einem anderen: 55,6% gegen 44,4% der Realschüler. Aber auch bei den Realschülern reagieren die männlichen Schüler in dieser Frage eher in die Richtung, dass sie Informationen über andere Berufe suchen. Aber eher wollen die Schüler (80,6%) etwas über ihren Berufswunsch erfahren: die Mädchen mit 87,1% klar vor den Jungen (75,6%). Insgesamt ist dieser Wunsch nach Bestätigung der eigenen Wahl bei den Realschulzweigschülern höher ausgeprägt (81,3% - gegen 77,8% Hauptschüler). Der eigene Berufswunsch hat also höhere Priorität als die Suche nach Alternativen. Diese Haltung entspricht den Erwartungen, dass die Berufswähler sich eher in diesem Prozeß auf die Präferenzen konzentrieren, nach denen sie ihren Berufswunsch gegründet haben. Nach den bekannten Prognosen über Erfolgswahrscheinlichkeiten haben die Schüler ihre Chancen eher optimiert.
Die übrigen Vorgaben fanden kaum Beachtung. Darin war klar erkennbar, dass es das Ziel all dieser Bemühungen war, einen Ausbildungsberuf zu ergreifen.

Internetrecherche in der Kooperativen Gesamtschule Schinkel aus Osnabrück

Die Gesamtstichprobe betrug 103 Schülerinnen und Schüler. Von ihnen waren 55 = 53,4% männlich, 45 = 43,7% weiblich, 3 machten zum Geschlecht keine Angaben.

72,8% (75) der Schülerinnen und Schüler gaben an, bei den Eltern zu wohnen, 26,2% (27) wurden allein erzogen. Der Anteil der Schülerinnen, die allein erzogen werden, liegt mit 28,9% über dem der Jungen mit 20,0%.
Einen eigenen PC haben 76 Schüler =73,8%, keinen eigenen PC haben 27 Schüler = 26,2%. Der Anteil der Jungen mit eigenem PC ist mit 76,4% höher als der der Mädchen (68,9%). Dennoch haben auch hier die Mädchen schon einmal bewußt Informationen über das Internet abgerufen (88,9% vs. Jungen = 83,6%). D.h., die Intensität der Mädchen, sich Informationen aus dem Internet zu holen, ist größer als die der Jungen, denn sie suchen auch danach, wenn ihnen kein eigener PC zur Verfügung steht. Ein erster Schritt zur Erlangung von Berufsinformationen war das Internet nur für 16,5% aller Schüler, hierbei gab es kaum geschlechtsspezifische Unterschiede (16,4% Jungen; 13,3% Mädchen).

Internetrecherche

Die vor dem Klick ins Internet herangezogenen Informationsmöglichkeiten wurden von den Schülern wie folgt genannt – anders formuliert: vergleicht man diese Gesamtschule mit den anderen Schulen, die in unsere Erhebung eingeschlossen waren, lag an der Spitze der Informanten das BIZ (61,2%), das damit eine besondere Position einnimmt. Danach folgt das Betriebspraktikum als Informationsquelle mit 35,0%. An dritter Stelle rangieren die Eltern (26,2%), an vierter die Lehrer (25,2%), an der fünften Stelle die Berufsberater (18,4%) und an letzter Stelle die Freunde (14,6%). In dieser Rangreihe gibt es keine geschlechtsspezifischen Unterschiede, wenngleich in den einzelnen Informationsagenten durchaus die Gewichte zwischen den Geschlechtern unterschiedlicher verteilt sind. So präferieren die Mädchen das BIZ mit 68,0% (31) weit höher als die Jungen (56,4%/31). Einen kleinen Unterschied gibt es bei der Focussierung auf den Berufsberater. Die Jungen nennen ihn zu 20,0% (11), die Mädchen zu 17,8% (8). Einen sehr deutlichen Unterschied gibt es bei den Freunden. Die Jungen nennen die Freunde zu 21,8% (12), die Mädchen zu 6,7% (3).

Wie beurteilen die Schüler den Gebrauchswert der Informationen aus dem Internet? Das Internet wird nur von 9,7% der Schülerinnen und Schüler als wichtiger als die anderen Informationsquellen eingestuft. Auch hier korrespondiert die Häufigkeit der Nutzung keinesfalls mit der Bewertung. Das Internet wird zwar häufig aufgesucht, das Ergebnis entspricht aber weniger den Erwartungen. Die meisten stufen dieses Medium als gleichgewichtig neben die anderen ein, entwickeln also keine Kriterien für strenge Unterschiede. Es erscheint 68 Schülern = 66,0%, also den meisten als brauchbar neben anderen Informationsmöglichkeiten (als Ergänzung). Hier gibt es keine geschlechtsspezifischen Unterscheidungen.

Aufschlußreich ist die Einschätzung, wenn die Schüler aufgefordert wurden, eine Rangreihe nach dem Stellenwert der Informationen aus dem Internet im Vergleich zu anderen Quellen zu bestimmen. An erster Stelle stufen es 19 Schüler = 18,4% ein, an die zweite Stelle setzen es 54 Jugendliche = 52,4%, an dritte und weitere Stellen 29 = 28,4%. Die geschlechtsspezifischen Unterschiede sind relativ gering. Aus diesen Antworten wird aber deutlich, dass das Internet zwar positiv gewichtet, aber nicht in den Rang vor den anderen Informationsmöglichkeiten eingereiht wird.

Die Möglichkeiten, in der Berufsberatung im BIZ Informationen über das Internet zur Berufswahlfragen zu bekommen, nannten 86 = 83.5% der Schüler, aber 70 Jugendliche = 68,0% surfen lieber mit dem eigenen PC (21 = 20,4% bevorzugen beides gleichgewichtig). Auch hier gibt es keine geschlechtsspezifischen

Unterschiede. Hilfe beim Surfen bekamen 57,3% im Arbeitsamt.[1] Hier profitierten die Mädchen mehr von diesen Hilfen (29 Mädchen = 64,4% vs. 29 Jungen = 52,7%). Dabei halfen Berufsberater weniger, kaum oder gar nicht (78,6%). Hilfen in der Schule bekamen 60 Schülerinnen und Schüler = 58,3%. Hier sind geschlechtsspezifische Unterschiede kaum nachzuweisen. Surfen im Unterricht zu Berufswahlfragen ist für 57 Jugendliche = 45,3% möglich. Dies nutzen die Jungen mit 61,8% (Mädchen = 51,1%). Das Surfen im BIZ bedeutet also ein Votum für die Einrichtung, nicht für personellen Service.

---

[1] Kriterien, welcher Art diese Hilfen waren, hatten wir nicht vorgegeben, ihren Wert zu bestimmen, lag in der Meinung der Schüler. Das können im BIZ auch schon organisatorische und technische Hinweise gewesen sein. Dem Wert nach wären die Hilfen der Berufsberater und der Lehrer höher einzustufen.

Schriften

Die Analyse der Schriftennutzung ergänzt das allgemeine Ergebnis auf diese Informationsangebote: Die meisten Schülerinnen/Schüler geben keine Antwort auf diese Frage, womit die Hypothese zwar nicht bestätigt, aber ihre Richtigkeit doch wahrscheinlich geworden ist, dass ihnen kaum Namen der Schriften, die die Bundesagentur für Arbeit zur Berufswahl herstellt und verteilt, bekannt geworden und/oder bekannt geblieben sind. 66,0% der Befragten gaben keine Antwort. Dieses Ergebnis erfährt aber eine dramatische Veränderung, wenn man nach den Geschlechtern differenziert: bei den Jungen gaben 72,7% keine Antwort, bei den Mädchen lediglich 55,6%. Ein erstes Indiz dafür, dass die Mädchen sich mit diesen schriftlichen Materialien wirklich mehr beschäftigt haben könnten, dass diese medialen Möglichkeiten Mädchen adäquater erscheinen. Sie bedienen den Trend zur Individualisierung der Berufswahl.

Zu diesem negativen Ergebnis will die Beurteilung der Brauchbarkeit der Schriften nicht so recht passen, denn immerhin sagen 62,2% aller Schüler, die Schriften seien sehr gut oder doch gut brauchbar.[1] Auch hier allerdings eine große Differenz zwischen Jungen und Mädchen. Während die Jungen 61,8% den Schriften den Wert auf der Skala von sehr gut und gut zugestehen, erscheint den Mädchen diese positive Einschätzung 71,8% der Stimmen wert.
Dieses Urteil dürfte wohl relativiert werden, weil die Schriften wohl in den Händen der Schülerinnen und Schüler waren. Es ging aber so eine diffuse positive Wertung von ihnen aus, ohne dass konkrete genaue positive Wirkungen auf die eigene Berufswahl identifiziert werden können.
Vermutlich gibt die Funktion der Verteilung der Schriften, die evtl. auch eine bestimmte Betreuung einschließen könnte, Aufschluß über Wirkungswahrscheinlichkeiten, wobei wir annehmen, dass es mit einer curricular = systematisch eingebundene Betreuung, Erläuterung und Interpretation einen Grund zu der Annahme gibt, dass die Wirkung der Schriften besser sein könnte. Nun zeigen die Ergebnisse, dass zwar in der Schule die Hauptverteilung vorgenommen wird, denn 48,5% aller Schülerinnen und Schüler gaben an, dass der Lehrer oder die Lehrerin ihnen die Schriften ausgehändigt hat. Aber da es lediglich eine knappe Hälfte aller Schüler betont, kann aus dieser Herkunft der Schriften nicht geschlossen werden, dass sie auch zum Gegenstand unterrichtlicher Behandlung benutzt wurden.

27,2% nennen den Berufsberater und 37,9% das BIZ – also quasi Selbstabholung – als Quelle für den Erhalt der Schriften (11,7% nennen noch andere Belieferungen). Auch hier ist erstaunlich, dass es eine große Diskrepanz zwischen

---

[1] Wir interpretieren diese Diskrepanz so: Die Erinnerung an die Schriften ist da, aber bleibende Wirksamkeit ist deshalb nicht von ihnen ausgegangen.

den Beurteilungen der Jungen und der Mädchen über die Verfügbarkeit der Schriften gibt. Während die Jungen zu 41,8% die Lehrer als Informanten nennen, verweisen die Stimmen der Mädchen auf 60,0%. Diese differenzierenden Angaben geben kaum die wirkliche Zugangsmöglichkeit wider, es sind vielmehr „gefühlte" Meinungen. Allerdings kann man nicht ausschließen, dass hierin auch Geschlechtsspezifika liegen: Je genauer die Beschäftigung mit den Informationsträgern, desto fester blieben Eindrücke im Gedächtnis und wären dann besser abrufbar.

Auf die direkte Frage sagen dann auch – ohne geschlechtsspezifische Unterschiede – nur die Hälfte aller Schülerinnen und Schüler, dass es eine Behandlung der Schriften im Unterricht gegeben habe. Was war das Ergebnis hinsichtlich der Berufswunschfindung? 26,2% hatten ihren Berufswunsch in diesem Material gefunden, nur bei diesen lag eine Entscheidungsmöglichkeit für die Jugendlichen vor.

Ein abschließend vielleicht in der Allgemeinheit gültiges Urteil: Wenn 60,2% aller Schülerinnen und Schüler die Schriften als weniger wichtig bzw. als nicht wichtiger einstufen, kann man – berücksichtigt man die sehr positiven Urteile über Informationsagenten, z.B. Eltern, Praktika, BIZ usw. – nicht von einem durchschlagenden Erfolg dieser Schriften sprechen.

Versucht man, die Wichtigkeit nach Themen herauszuarbeiten, dann wird damit die Vermutung, dass unterrichtliche Betreuung fehlte, u. E. unterstrichen. Es gab außerdem eine große Zahl von Nennungen, die darauf schließen lassen, dass sie informationsträchtig waren, die aus diesen Schriften kaum entnommen werden können: z.B. das Finden eines Ausbildungsplatzes (positiv 46,6%) und ob eine spätere Übernahme im Ausbildungsbetrieb nach der Ausbildung gesichert werden kann (31,1%). Sie bestätigen eher unseren Verdacht, dass aus den Schriften gewonnene Informationen wenig eindrucksvoll waren und nicht immer sachlich zugeordnet werden konnten.[1] Am höchsten besetzt ist das Item „mehr über meinen Berufswunsch zu erfahren". Damit wird die Nutzung der Schriften – sofern sie konzentriert und nachhaltig betrieben wird – in der Art und Weise der selektiven Nutzung deutlich. Das gilt cum grano salis auch für das Item „andere Berufe kennenlernen". Nämlich: andere Berufe in Abgrenzung zu dem eigenen Berufswunsch wohl eher zur Bestätigung der Richtigkeit der Berufswunschwahl als zur Findung einer Alternative.[2]

Die Verständlichkeit der Schriften wird von 50,5% als gut, von einer großen Minderheit (37,9%) aber weniger gut oder kaum verständlich eingestuft. Die

---

[1] Die Nutzung der Schriften ergibt in Schenklengsfeld – s. oben – ein anderes Bild, das auf eine realistischere – betreute? – Behandlung schließen läßt.
[2] s. Hinweise der Auswertung aus den anderen Schulen

wirkliche Qualität der Schriften wird dahin erklärbar, dass die Jugendlichen z.T. allein gelassen wurden. Eine unterrichtliche Behandlung hätte die Verständlichkeit erhöhen können. Die Schriften sind ohne unterrichtliche Behandlung für die Schüler und Schülerinnen nicht optimal wirksam. Die Verständlichkeit der Schriften wurde von den Mädchen signifikant höher gewichtet als von den Jungen (60,0% vs. 43,6%). Das Urteil ist in der gleichen Weise wie oben dargestellt interpretierbar.

Ergebnisse der Gegenüberstellung der befragten drei Gesamtschulen Kassel, Schenklengsfeld und Osnabrück

Es sind Schulen gleicher Schulform – Kooperative Gesamtschulen – aber es sind keine gleichartigen Schulen. Über die Gleichwertigkeit kann hier selbstverständlich gar kein Urteil angegeben werden.

Ziel des Vergleiches ist, insbesondere Abweichungen der Kasseler Schule, die in einem sozialen Brennpunkt liegt und Einzugsgebiet dieses sozialen Brennpunktes mit hohem Ausländeranteil ist, festzustellen und damit einen Vergleich zu konstruieren, der geeignet ist, die Besonderheiten der jeweiligen Schule plausibel zu deuten, d.h. nach der verstehenden Methode zu interpretieren.

Ein besonderes Kriterium für Modernität, und damit Ausdruck eines gehobenen Sozialstatus, das nach Bourdieu klassenspezifische Differenzierungen in der Positionierung in der Gesellschaft anzeigt, ist der Besitz und insbesondere die Nutzung moderner Techniken, hier untersucht an der Kommunikationstechnik Personal-Computer.
Die Schule in Schenklengsfeld in einem eher bürgerlichen Einzugsgebiet im Kreis Hersfeld-Rothenburg hat nach Nennung der Schülerinnen und Schüler in den befragten Klassen einen Anteil von 83,3% eigene Computer für die Schülerinnen und Schüler. Demgegenüber fällt die Quote mit 76,2% der Kasseler Schule deutlich zurück, fällt aber neben der Osnabrücker Schule, die im Osten der Stadt zwar nicht in einem sozialen Brennpunkt, doch in einem kleinbürgerlich strukturierten und von Arbeitertraditionen geprägten Stadtteil liegt, nicht besonders negativ heraus (68,6%).
Negativ wird der Befund in Kassel, wenn nur 49,2% aller Befragten angeben, sie nutzten ihren eigenen PC zum Suchen von Informationen für die Berufsorientierung. Schenklengsfeld nennt da hohe 91,7% und 76.5% der Osnabrücker Schüler nutzen diese Informationsmöglichkeiten über einen eigenen PC. 76,5% nutzen ihn häufiger über den persönlichen Besitz eines Computers hinaus. Die Eigennutzung geht also auch stark orientiert von der Familie aus, denn Schüler, die auch ohne Eigenbesitz einen privaten PC nutzen, haben Zugänge zu PC im familiären Besitz. Genau das zeigt sich in Kassel nicht. Der Anteil der Nutzung liegt unter der Nutzung der tatsächlich vorhandenen eigenen PC, 57,6% der Jungen in Kassel, aber mehr als 90% in Schenklengsfeld suchen nach berufsrelevanten Themen. Damit ist die Wahrscheinlichkeit gegeben, dass die PCs eben zu einem großen Teil zur Unterhaltung (Computerspiele spielen) genutzt werden. Hiermit wäre die besondere soziale Situation, in der sich die Schule befindet, zu unterscheiden von den beiden anderen Vergleichsschulen.

Wie wir in unserer Peer-group-Untersuchung[1] festgestellt haben, kann man eine Funktionsverschiebung bei diesem Informationsthema zumindest von der Familie weg zu den Freunden hin beobachten. Gerade das läßt sich auch in Kassel feststellen, wo 33,3% der Schüler von Freundeshilfe berichten. Diese Werte liegen in den anderen Schulen weit zurück (9,7% Schenklengsfeld; 19,6% Osnabrück). Denn auch umgekehrt sind die Nennungen bei der Elternhilfe. Hier nennen die Kasseler Schüler 34,9% gegenüber 44,4% der Schüler in Schenklengsfeld und 45,1% in Osnabrück. Das Engagement der Lehrer liegt in Hessen – das mag an der Struktur des Faches Arbeitslehre und damit der curricularen Einbindung der Berufsorientierung, des Berufswahlunterrichtes liegen - in beiden hessischen Schulen dicht beieinander (38,1% - 41,7%) während in Niedersachsen nur 23,5% der Lehrer die Suche im Internet fördern. Das kann länderspezifisch aber auch schulformspezifisch begründet sein. Auch mit dem BIZ kann in Kassel das Defizit, das wir festgestellt haben, nicht ausgeglichen werden. Das BIZ hat in Schenklengsfeld und in Osnabrück weit höhere Werte (25,4% Kassel; 69,4% Schenklengsfeld; 68,6% Osnabrück), die Selbstinformation setzt eine andere Haltung voraus, sich mit der Annahme angebotener Leistungen zu befassen.

Es war dann schon fast zu erwarten, dass in Kassel die Nennung des Internets als Informationsmöglichkeit die der anderen Schulen übertrifft - wenn es auch als wichtigste Informationsquelle, d.h. wichtiger als andere nicht gerade überragend ist. Aus Tabelle 12 sind die Unterschiede abzulesen.

Tabelle 12: Wie gut waren nach Deiner Meinung die Infos aus dem Internet?

	Kassel	Schenklengsfeld	Osnabrück
Wichtiger als andere	20,6%	13,6%	9,8%
Genauso wichtig	58,7%	75,0%	72,5%
Nicht so wichtig	9,5%	11,1%	11,8%

Man könnte meinen, diese Hochrangigkeit der Interneteinschätzung in Kassel wirke auch auf die Einschätzung der Brauchbarkeit. Aber hinsichtlich der Brauchbarkeit (61,9%) liegen die Kasseler Schüler im Mittelfeld. Auch bei der Nennung der Rangfolge schätzen die Kasseler Schülerinnen und Schüler die Internet-Informationen als durchschnittlich gut ein (22,2% Schenklengsfeld), aber auch die Hilfen, im Internet zu surfen, die das BIZ gewährt, erscheinen den Kasseler Schülern wenig ergiebig (31,7% Kassel - 95,8% Schenklengsfeld - 88,2% Osnabrück). Was für das BIZ genannt wurde, gilt analog für die Agentur für Ar-

---

[1] Beinke, Lothar, Berufsorientierung und peer-groups und die berufswahlspezifischen Formen der Lehrerrolle, Bad Honnef 2004

beit allgemein. Und dem Berufsberater bescheinigen 55,6% der Kasseler Schüler, er helfe gar nicht.[1]

Im Gegensatz dazu vermuteten wir bei der Einschätzung der Lehrer durch die Schüler in Kassel eine positive Beurteilung. Das ist jedoch nicht der Fall. Zwar bescheinigen 55,6%, dass es Surfmöglichkeit im Unterricht gibt, doch die anderen Schulen übertreffen diese Werte bei weitem (86,1% Schenklengsfeld - 70,6% Osnabrück). Über die Einschätzung der Qualität des Mediums halten sich die Kasseler Schüler auffallend zurück: nur die Hälfte gibt darauf überhaupt eine Antwort.

Mehr Jungen als Mädchen – mit mehr als 32 Prozentpunkten Unterschied – haben in Kassel einen häuslichen eigenen PC. Sie können sich eher auf die Hilfe von Freunden verlassen als die Mädchen (12%) und auf die Hilfe von Eltern (15%). Das empfinden zumindest die Mädchen. Aber auch die Hilfe vom BIZ wird von den Jungen (10%) positiver gesehen[2]. Ein positiveres Erleben schätzen auch die männlichen Schüler beim Berufsberater (11%-Punkte nennen die Jungen beim Berufsberater mehr als die Mädchen). Die Beurteilung der Schriften überwiegt bei den Jungen mit 31%-Punkten Unterschied und Mädchen fühlen sich auch von der Schriftenweitergabe durch die Lehrer benachteiligt (14%-Punkte weniger als die Jungen). Und erstaunlich schätzen die Jungen zu 16% die Verständlichkeit der Schriften höher[3].

Die alternativen Informationsmöglichkeiten zum Internet werden unterschiedlich bewertet: So haben die Praktika und das BIZ bessere Beurteilung in Schenklengsfeld als in Kassel bekommen. Die Lehrer erhalten in Kassel bessere Beurteilungen. Das Schülernet wird in Kassel und in Schenklengsfeld mit ähnlich geringen Bewertungen versehen. In Kassel können die Schüler weniger Erfolg bei den Surfmöglichkeiten im Unterricht melden als die anderen Schulen.

Auch in Schenklengsfeld haben mehr Jungen als Mädchen einen privaten PC. Der Unterschied besteht aber nur in 10 %-Punkten. Aber auch hier schätzen die Mädchen die Hilfe durch die Lehrer als geringer gegenüber den Jungen ein (Differenz: 27 %-Punkte geringere Einschätzung durch die Mädchen). Auch die Hilfe der Eltern erscheint den Mädchen weniger engagiert (auch 27%-Punkte geringere Bewertung) und es erscheint dann konsequent bei der tatsächlichen

---

[1] Die Voten der Schüler der anderen Schulen sind auch überwiegend negativ, jedoch nicht so kraß aufgefallen.
[2] Wenn man einmal im BIZ den Besuch einer Klasse in diesen Räumen der Arbeitsagentur erlebt, dann ist das leicht erklärbar. Denn die Haltung der Schüler, durch körperlichen Einsatz zu dominieren, ist stets sehr augenfällig.
[3] Hier vermuten wir, dass eine Selbstüberschätzung der Jungen vorliegt.

oder geglaubten, gefühlten vermißten Hilfe durch Lehrer und Eltern, dass die Einschätzung der Mädchen 15%-Punkte günstiger ist, wenn es um den Wert der Informationen aus dem Internet geht. Das Internet wird von ihnen als Ausgleich gesehen. Daraus folgt, dass auch die Brauchbarkeit (10%-Punkte) von den Mädchen höher eingeschätzt wird. In Schenklengsfeld meinen die Mädchen zu 19% häufiger, das Arbeitsamt leiste ihnen beim Surfen Hilfe, während die Mädchen der Kasseler Schule 14%-Punkte höhere Bewertung beim Surfen im Unterricht vornehmen. Ob sich diese Unterschiede als Auswirkung des sozialen Umfeldes ergeben, darf man vermuten.
Es scheint also durch die Möglichkeiten der Internet-Nutzung eine Chance zu bestehen, Diskriminierungen oder gemeinte Diskriminierungen, die durch geschlechtsspezifische Pauschalurteile interpretiert werden können, auszugleichen. So ist auch in Schenklengsfeld, im Gegensatz zu Kassel, die Beurteilung der Schriften bei den Mädchen höher (18%-Punkte) und auch die Information über die Lehrer in bezug auf die Schriften ist in Schenklengsfeld – im Gegensatz zu Kassel – von den Mädchen mit 18%-Punkten günstiger eingeschätzt. Und auch die Verständlichkeit der Schriften wird von den Mädchen in Schenklengsfeld mit 10%-Punkten Differenz positiver beurteilt.

Etwas verkürzend wäre damit ein Hinweis darauf möglich, dass in den Fällen, in denen das soziale familiäre Umfeld zu einer Geschlechterdiskriminierung tendiert, vor allem die Mädchen auf nichtfamiliäre Informationen ausweichen. Die Medien in den Schulen, die auch unabhängig vom Unterricht genutzt werden können, könnten einen Ausgleich schaffen. Der Unterricht, der die Medien zur Berufswahl berücksichtigt, vermag sicher diese auch zu stützen. In progressiveren sozialen Umfeldern sind die Mädchen darüber hinaus in der Lage, diese Chancen über die Medien für sich besser zu nutzen als es den Jungen möglich ist, die vielleicht noch auf die Gültigkeit alter Rollenvorteile bedacht sind und offenbar darauf vertrauen können, dass die Berufswahl von Jungen z.B. für die Gründung einer Familie wichtiger ist.

Schriften

Wie die schriftlichen Materialien der Bundesagentur für Arbeit zur Berufsberatung in die Kasseler Schule kommen, ist aus den Antworten der Schülerinnen und Schüler nicht erkennbar. Weder die Lehrer und Lehrerinnen, noch die Berufsberater und das BIZ werden als Vermittler genannt, obwohl doch die Schriften in den Schulen zur Verfügung stehen. Es wird auch der Schule zu 31,7% die unterrichtliche Behandlung der Schriften bescheinigt, aber das ist auch ein Wert, der unter denjenigen der anderen Schulen liegt. Andererseits urteilen die Kasseler Schüler fast zur Hälfte, dass diese Schriften sehr wichtig seien[1], und der hohe Wert an sehr wichtiger Einschätzung übertrifft die der anderen Schulen deutlich (38,9% Schenklengsfeld; 21,6% Osnabrück).
Was haben die Kasseler Schüler aus den Materialien erfahren? Nur 25,4% haben dort ihren Beruf gefunden. Das ist unter dem Durchschnittswert. 33,3% haben Näheres über ihren Berufswunsch gefunden. Das liegt deutlich unter dem Mittelwert. Aber auch zu anderen Berufen haben sie nicht mehr als andere Schüler gefunden, sind hier nur knapp unter dem Mittelwert. Über Ausbildungsplatz, Ausbildungsdauer, Verdienstmöglichkeiten und Dauer der Beschäftigungsmöglichkeit bleiben die Kasseler Schüler unter den Werten fast aller Vergleichsschulen. Sie fanden aber durchaus im Durchschnitt liegend die Verständlichkeit gut. Allerdings ist die Antwortsituation relativ unergiebig, da viele Schülerinnen und Schüler in Kassel nicht geantwortet haben, bzw. deren Fragebogen nicht auswertbar waren.

Wie weit die Schichtenabhängigkeit prägend auf die Ergebnisse gewirkt hat, kann man noch einmal herausstellen, wenn man den Vergleich der Geschlechter in den beiden hessischen Schulen zu einem vertiefenden Vergleich heranzieht. Vor allem, wenn die Diskrepanzen sehr groß sind, sind natürlich auch die Mittelwerte dadurch belastet.
Als Charakteristikum der sozialen unteren Schichten gilt allgemein noch immer, dass das männliche Geschlecht – auch in der Schule? – in den Familien bevorzugt wird. Das hieße im Umkehrschluß: Wenn Schülerinnen mit z.B. positiven Wertungen von Techniken und Materialien herausragen, dann kann das für ein emanzipiertes elterliches Umfeld gelten.

Eine schweizerische Untersuchung[2] gibt die Gelegenheit, einen Vergleich anzustellen, der die Gültigkeit unserer Ergebnisse, die wie gezeigt im strengen Sinne nicht repräsentativ sind, zu unterstützen.

---

[1] Wenngleich auch hier wieder ein Viertel ein Werturteil verweigert
[2] Herzog, Walter/ Neuenschwander, Arcus P./Bannack, Evelyne in Engenbaden, Berufswahlprozeß bei Jugendlichen, Internetveröffentlichung aus dem schweizerischen nationalen Forschungsprogramm: „Bildung und Beschäftigung" NF PMR 43, Stichwort Übergang.

In der Schweiz suchen rd. 80% der Jugendlichen primär Informationen zu Berufen, die für sie als Wunschberufe infrage kommen. „Gesucht wird vor allem das Bekannte". Weniger als die Hälfte weiten ihren Suchradius auf berufliche Möglichkeiten aus auf wenig bekannte Berufe.[1]

Die Jugendlichen nutzen aus dem 9. Schuljahr das Internet und die schweizerischen Berufsmappen, die in den Berufsinformationszentren stehen und die Informationsveranstaltungen von Schulen und Betrieben gleich häufig. Eine Schnupperlehre – eine Besonderheit in der Schweiz – oder Praktika werden sehr unterschiedlich gemacht. Im letzten Schuljahr werden Informationsveranstaltungen und Berufsmappen geringer benutzt. Bei der Suche im Internet stehen nicht mehr die Berufe und die dafür notwendigen Ausbildungen im Spektrum, vielmehr die konkrete Lehrstellensuche.

Die Eltern stellen die wichtigsten Bezugspersonen dar, gefolgt von den Freunden in der Schule (Peer-groups). Die Häufigkeit der Gespräche nimmt im Laufe der letzten zwei Schuljahre nur wenig ab.

Auch in der Schweiz tauschen die Jugendlichen mit den Lehrern weniger oft Gedanken aus. Je älter die Schüler sind, desto seltener sprechen sie mit dem Lehrer über die Berufswahl.

Es gibt in der Schweiz im Rahmen der Berufswahlhilfe eine Einrichtung, die es in Deutschland so nicht gibt, den Berufsfeldkontakt. Unter diesem Begriff werden in der Schweiz Praktika und die Schnupperlehren zusammengefaßt. Sie sind in der Schweiz die bedeutsamste Informationsquelle für die Jugendlichen. „Durch den Berufsfeldkontakt gewinnen Jugendliche Einblicke in die Arbeitswelt und in berufliche Tätigkeiten. Der Kontakt mit Ausbildungsverantwortlichen ermöglicht ihnen, sich gezielt mit den Anforderungen des Berufes auseinanderzusetzen." Und natürlich können sie sich auch als Kandidaten für eine Lehrstelle empfehlen. Rund 61% geben an, dass ihnen die Lehrstelle nach einer Schnupperlehre angeboten wurde.

Diese Strukturen der Informationssuche und die Informationsangebote ähneln den deutschen Verhältnissen. Die Suche im Internet kommt vor, hat aber keine herausragende Bedeutung. Genutzt wird auch hier das Bekannte. Das geschieht auch bei deutschen Jugendlichen.[2] Auch sie suchen das Bekannte auf bekannten Wegen – das Realistische. Reicht das? Das Autorenpaar des Instituts für Arbeitsmarkt- und Berufsforschung (IAB) in Nürnberg, Schober/Tessaring meinen nein – die Informationen seien meistens nicht systematisch erworben. Nach den bisher vorgelegten Forschungsergebnissen müssen durchaus keineswegs alle

---

[1] Wenn die Wähler geringere Erfolgschancen vermuten, setzt sich ihre Haltung durch: „Hauptsache ich kann eine berufliche Ausbildung machen." Von den Schülern höherer Schulen wird aber genannt, dass sie Umwege oder mehrmaliges Durchlaufen von Aufnahmeverfahren in Kauf nehmen würden, den Wunschberuf erlernen zu können.
[2] vgl. Schober, Karen/Tessaring, Manfred, Eine unendliche..., a.a.O., S. 14

Informanten systematisiert Informationen anbieten – vielmehr scheint uns, ein zuviel an solchen Informationen verstellt die Entscheidungsfähigkeit. Es kommt auf die individuelle Nutzenschätzung der Wähler an. Dabei könnte das Surfen in den Berufswahldatenbanken behilflich sein, wenn sie wirklich den Nutzungswünschen und den Benutzerfähigkeiten entsprächen.

Zusammenfassung

Durch den fast schon inflationären Gebrauch des Arbeitsbegriffes werden z.B. auch politische Aktivitäten und Freizeitambitionen unter die Absichten des Faches Arbeitslehre subsumiert, die dann in geringerem Maße dem Anspruch der „Anbahnung der Berufswahlreife" (DA) gerecht werden. In ähnlich verhängnisvoller Weise wirken auch die Einzelfachegoismen belastend auf die Schaffung des vor allen anderen wichtigen Schwerpunktes der Berufsorientierung in der Arbeitslehre – worauf Famulla[1] hingewiesen hat. Die Berufsorientierung bliebe da nur ein Appendix und die BA bliebe mit der Aufgabe allein.
Es ist die besondere Zielsetzung des Faches Arbeitslehre, die Berufswahlsituation der Schüler und Schülerinnen derart zu verbessern, dass über den Beruf nicht nur marktfähige Qualifikationen gebündelt, sondern auch Wertorientierungen und Haltung vermittelt werden.[2] Über den Beruf und die Berufswahl werden Lebenspläne entwickelt und wird ein Beitrag zur Integration der Jugendlichen in die Gesellschaft geleistet und nicht über die Lernziele, die die Teildisziplinen erreichen können. Famulla wirft dies besonders dem Fachegoismus der Ökonomie vor. Diese stünde einer gezielten Verbesserung für das gesamte Fach entgegen.
Die Vernachlässigung der Berufswahl in der Arbeitslehre, die dazu angetreten war, Berufswahl als Thema zu installieren, zwingt dazu, durch weitere Forschung vorhandene Defizite aufzudecken und daraus Verbesserungen schaffen zu helfen, denn die Lage – das erhärten auch die immer wieder wiederholten Ansätze der Bildungsorganisationen und der Bildungspolitik, neue Formen, verbunden mit verbesserten Methoden einzurichten – ist keinesfalls befriedigend. Das liegt auch daran, dass zwar in fast allen Forderungen in Verbindung mit dem Fach Arbeitslehre die Berufsberatung auch durch die Schule reklamiert wird und nicht nur durch die Bundesagentur für Arbeit. Durch die Positionierung auf dem breiten Definitionsanspruch des Arbeitsbegriffes wurde der Anspruch des Faches Arbeitslehre eher verwässert und die anfänglich klaren Vorstellungen über die hohe Bedeutung der Berufswahl als Element der neuen Arbeitslehre verwischt.

In die Ergebnisdiskussion unserer Erhebungen sind auch Anregungen, Kritiken und weitergehende Hinweise eingegangen, die mit den beteiligten Schulleitern

---

[1] Famulla, Gerd E., Berufsorientierung im Strukturwandel von Ausbildung, Arbeit und Beruf, Vortrag vor dem 2. Hauptschultag – Kongreß Berufsorientierung am 11.10.2001, Universität Kiel
[2] Ausführungen sind den einführenden Passagen des Vortrages entnommen, der aus der Internetfassung zitiert wird.

und Lehrern geführt wurden.[1] Vielfach wird sie in Praxistage abgeschoben oder Berufsexperten überlassen. Die hier vorgelegte Publikation widmete ihre Aufmerksamkeit einem neuen Teilaspekt: Dem Einsatz des Computers für Schülerrecherche, um im Kontakt mit Datenbanken weitere, und durch neue Technik erreichbare Informationen erheben zu können.

Zum Verständnis des Prozesses, in dem jetzt die Internetrecherchen den gegenwärtigen Stand repräsentieren, werden frühere Überlegungen und Modelle vorgestellt und bewertet. Der Forschungsansatz für die Internetrecherchen der Schüler steht in dem größeren Feld, in dem Informationen als Entscheidungshilfe für die Berufswahl angeboten werden. Sie sind der selbstgesteuerten Informationsbeschaffung zuzuordnen. Erste Ansätze zur Erforschung von deren Wirksamkeit gab der Berufsbildungsbericht der Bundesregierung 2004. Die dann referierten Analysen der zur Verfügung stehenden Datenbanken und deren Aufbau und Zugang ergaben, dass diese kaum günstige Voraussetzungen für erfolgreiche Nutzung zeigen.[2]

Zu „Arbeitsamt online" kann man zusammenfassen:

- Die reine Information steht im Mittelpunkt
- Die Interaktivität des Internets für die Kommunikation wird nur zum Teil genutzt
- E-Mailkontakte zur Berufsberatung gibt es auf zentraler Ebene nicht
- Es wird ausschließlich auf die persönliche Beratung im Arbeitsamt, in der BA, hingewiesen.

An diese Vorgaben schließt jetzt die vorgelegte Erhebung an.
Zuvor aber noch einige Anmerkungen zu den Chancen, Datenbanken für die Informationsgewinnung für die eigene Berufswahl zu gewinnen.

Bei den Bemühungen, die Recherchen der Jugendlichen nach Berufsinformationen im Internet zu beurteilen, sei am Anfang ein generelles Problem der Datenbanken angesprochen – hier allgemein nicht nur die Datenbank der Bundesagentur für Arbeit betreffend. Bei der Internetnutzung sind maximal 50 Suchergebnisse – das ist das Anklicken von den ersten 5 Seiten bei Google – intensiv

---

[1] Besonders möchten wir die Schulleiter Manfred Bergau in Bohmte und Hans Kaes in Osnabrück erwähnen.
[2] Die Datenbanken wurden von der Stiftung Warentest – Finanzteil 2004 Eignungstest bestanden – untersucht: Die im Internet angebotenen Tests halfen bei der Selbsteinschätzung und Vorbereitung auf Bewerbungsgespräche – die aber auch in den Schulen trainiert werden – kein Test der ausgewählten zehn genügte den Anforderungen. Selbst die guten Tests waren mühsam anzuwenden. Außerdem hingen die Qualitäten dieses Tests von der Ehrlichkeit der Eingaben durch die Nutzer ab.

zur Kenntnis genommen worden. Das bezieht sich nicht auf Nachlässigkeiten der Informationssuchenden, das liegt an den Nutzungsmöglichkeiten dieser Suchsysteme, auf denen die Wahrscheinlichkeit, eine erfolgreiche Suche zu schaffen, mit weiteren Klicks abnimmt. Die Sucher verhalten sich – auch zeitökonomisch und unter Wahrscheinlichkeitserwägungen – rational bei dieser Einstellung.[1] In den Datenbanken „BEB.de" – „Google" – „altavista" gibt es außerdem kein Ordnungssystem. Erst nach der Zahl der Treffer wird festgestellt, ob die Ergebnisse möglicherweise Relevanz für das Thema haben. Daraus folgt, dass die Einrichtung und das Vorhandensein von Datenbanken keineswegs allein auf Nutzungserfolge schließen lassen.[2] Allerdings stellen sich Nutzungserfolge dann deutlicher ein, wenn ein Zugriff über schulische PCs und private PCs gewährleistet ist. Das Internet sei hinsichtlich seiner Informationsmöglichkeiten weder als attraktive Alternative eingeschätzt, noch sei es objektiv wirklich eine konstruktive Ergänzung zu den klassischen Informationsmöglichkeiten.[3]

Reinhold Hedtke[4] hat auf die Allgemeingültigkeit dieses Problems aufmerksam gemacht. Bildung kann nicht nur ein Datenzugriff sein, sondern muß sich im Dienste der Aufklärung bewähren. Das aber ist der Kern des Problems bei der Internetnutzung für Lernprozesse. Daraus folgt, dass eine sinnvolle Nutzung des Internets nur durch didaktische und fachdidaktische Kriterien sichergestellt werden kann. Um uns herum gibt es so viele Daten, sie sind so zahlreich, dass die Überflutung der Akteure mit Daten permanent anzutreffen ist. Es gibt keinen Datenmangel.[5]

Da über das Internet zusätzliche und bisher nicht gekannte Daten verfügbar werden, verstärkt das für Lehrende und Lernende die Datenüberflutung. Die Internetnutzung wirkt damit problemverschärfend, denn Computer und Internet sind keine Datenfilter sondern Datenpumpen. In dieser umfassenden Informationsflut gibt es im Internet nicht die Möglichkeiten der traditionellen Medien. Deshalb sind die Nutzer darauf angewiesen, sich eine eigene Informationskompetenz zu schaffen. Das stellt extrem hohe Anforderungen an Lernende. Das Internet so betrachtet, löst nicht die bestehenden qualifikatorischen Probleme, fügt, im Gegenteil, noch neue hinzu.

---

[1] vgl. Wählisch, Birgit, Projekt GENIA Internet 2002, S. 37
[2] Beim Anklicken der Google-Seite „Bundesagentur für Arbeit, Berufswahlinformationen" erhält man aktuell zu allererst Informationen zu „Studien- und Berufswahl", das suchende Haupt- und Realschüler kaum motivieren dürfte, weiterzumachen.
[3] So Birgit Wählisch weiter, a.a.O.
[4] Hedtke, Reinhold, Fahr'n, fahr'n, fahr'n auf der Datenautobahn? In: Gegenwartskunde, 4/1999, S. 497-507
[5] Daten werden zu Informationen, wenn sie in einen Zusammenhang von systemspezifischen Relevanzen eingebunden sind und aus der besonderen Perspektive eines Handelnden oder einer Organisation bedeutsame Unterschiede gemacht werden. Informationen sind systemspezifisch, weil sie erst durch die Relevanzkriterien des Bobachters entstehen. Wissen schließlich entsteht durch den Einbau von Informationen in Erfahrungskontexte.

Nicht nur die Erfahrung aus dieser allgemeinen Nutzungsschwierigkeit von Datenbanken und Suchmaschinen, sondern auch die Veröffentlichung des Berufsbildungsberichtes des Bundesministeriums für Bildung und Forschung 2004 motivierte uns zu eigenen Erhebungen. In diesem Bildungsbericht fanden wir, dass etwa die Hälfte der im Berufsbildungsbericht 2004 zitierten Bewerber sich bei der Berufswahl und bei der Ausbildungsplatzsuche auch im Internet „umgeschaut" hat. Dabei ist besonders zu beachten, dass es bei den Informationsangeboten der BA überwiegend um Ausbildungs-Stellen-Informations-Service geht. Grundlegende Orientierung wird nur zu 12% bzw. 14% von den Suchern zur Orientierung und zur Optimierung des Bewerbungsverhaltens genutzt, also nicht nur bei der Berufssuche, sondern auch bei der Bewerbung kann das Ergebnis nicht als zufriedenstellend eingeschätzt werden. Daten aus dem Internet müssen erst für den Lehr-/Lern-Prozeß zu Informationen und Wissen gemacht werden, damit der Lernende sie beherrscht. Erst dann kann er in den Prozeß der Berufsorientierung eintreten und daraus für sich brauchbare Umgangsweisen und Lernergebnisse erwarten.[1]

Von dieser allgemeinen Einschätzung nun zu unseren Ergebnissen, denen wir die Differenzierung nach Geschlecht und Schulform anschließen. In einem Überblick über die in unserer eigenen Recherche gefundenen Ergebnisse, in der 480 Schülerinnen und Schüler gefragt wurden, kann man von vornherein sagen, dass es weniger an Nichtzugänglichkeit der technischen Möglichkeiten liegt, denn 72,5% im Durchschnitt aller Befragten haben einen eigenen PC zur Verfügung, und sogar 82,5% nutzen einen PC zur Einholung von Informationen über Berufe. Bei diesen von der technischen Ausstattung her günstigen Voraussetzungen kamen die Informationen, die die Schüler vor der Internetnutzung bei anderen Informanten, die sie nach Unterstützung für ihre Berufswahl gesucht haben, aus dem Berufsinformationszentrum. Dabei nennen 69,2% die dort gewonnenen Informationen gleichrangig neben den Internetinformationen. Nur 9,6% schätzen letztere als wichtiger ein als die anderer Informanten und weniger wichtig sind 15,0%. Aus diesem Ergebnis läßt sich keine überragende Bedeutung des Internetzugangs über den Computer ableiten, denn das BIZ ist bereits seit Längerem eine etablierte Quelle zur Berufsinformation.

Die Informationen aus dem Internet über den Computer werden zu 65,6% als Ergänzung der bisher genutzten Informationsträger eingestuft. Die Entscheidung, die dann die Jugendlichen später getroffen haben, darf man dann bestenfalls als Ergebnis einer Verstärkung durch die Internetrecherche einschätzen. Das Internet hat nach diesem Ergebnis kaum einen eigenen Stellenwert bei der Informationssuche über Berufswahlthemen. Das bestätigen 78,4% der Schüle-

---

[1] Hedtke, Reinhold, a.a.O., S. 505

rinnen und Schüler, die den Stellenwert dieser Informationen erst an zweiter oder folgender Stelle ihrer Wichtigkeitsskala einordnen. Für diese Nachrangigkeit spricht auch die Tatsache, dass 32,0% der Befragten die Informationen aus dem Internet erst an dritter und weiterer Stelle einordnen. Hier kann man trotz des unterschiedlichen Forschungsansatzes festhalten, dass dieses Ergebnis in etwa dem Ergebnis entspricht, das im Berufsbildungsbericht 2004 veröffentlicht wurde: die Wichtigkeit des Internets rangiert nicht sehr hoch.

Es bestätigt sich auch wieder ein Defizit bei den Informationsangeboten, die die Bundesagentur für Arbeit vorlegt, dass sowohl im BIZ als auch bei den Möglichkeiten, die Datenbank zu nutzen , weitere Unterstützungen von der BA nicht vorgesehen sind. Die Hilfen im BIZ, die sich nicht auf qualitative interpretierende Unterstützung bezieht, sondern nur auf technisch organisatorische Hilfe, wird von den Agenturen für Arbeit durch Hilfskräfte begleitet, nicht von den amtlichen Berufsberatern. Es handelt sich um Mitglieder des Personals in den BIZ, die nur für die Ausgabe von Materialien, Funktionen der Geräte, Handreichungen und Wegeauskünfte in den Fachdienststellen verantwortlich sind.

Zwar bestätigen die Schülerinnen und Schüler, dass in der Schule beim Surfen Hilfe geleistet wird, (61,0%) diese Hilfe wird aber auch qualitativ als nicht besonders attraktiv angesehen, denn weniger als die Hälfte der Schüler (43,6%) schätzt diese Hilfen höher ein als die der Bundesagentur. Wenn man sich erinnert: Die Hilfe der Bundesagentur war sehr kritisch eingeschätzt worden. Man muß deshalb die Unterstützung der Internetrecherche in ihrem Wert von der Wirkung der Unterstützung abhängig machen, ob sie innerhalb des Fachunterrichts zur Berufswahl oder ohne curricularen Zusammenhang erfolgt.
Eindeutig positiv ist das Urteil der Schüler, wenn das Surfen im Internet für Berufsinformationen auch im Berufswahlunterricht thematisiert werden kann. Knapp 60% der Schülerinnen und Schüler wird diese Möglichkeit geboten. Die schulischen Aktivitäten in dieser Hinsicht versuchen, die positiven Anforderungen sowohl des Themas als auch der Schüler nachzukommen. Die Frage, ob die abwertende Beurteilung der Datenbanken damit ausblieb oder unbefriedigender Weise durch die Behandlung im Unterricht begründet ist, kann hier nicht beantwortet werden. Eine Äußerung dazu bliebe spekulativ.

Die Wichtigkeit für Jungen und Mädchen ist trotz der immer wieder festgestellten Faszination der modernen Technik nicht überwältigend. Nur knapp 15% der Mädchen sieht in diesem Medium die wichtigste Informationsquelle. Warum die Jungen zu 21,9% ein positiveres Urteil abgeben, ist wohl aufgrund der klassischen Rollenmuster zu erklären, die sich zwar hier wieder durchzusetzen scheinen, aber im Detail nicht interpretierbar sind.

Für die Zusammenfassung soll neben die Differenzierungen nach Geschlecht auch auf die nach Schulformen eingegangen werden. Bei beiden Geschlechtern spielt der Computer und damit die Zugangsmöglichkeit zum Internet zur Suche berufsspezifischer Informationen eine Rolle, und zwar mehrheitlich auf eigenen Computern, doch der Anteil der Jungen, die ein solches eigenes Gerät besitzen, erscheint erheblich privilegierter als der der Mädchen: 82,7% zu 62,2% ist das Verhältnis des Computerbesitzes zwischen Jungen und Mädchen. Dennoch nutzen die Mädchen für die hier gefragte Recherche häufiger den Computer als die Jungen. Obwohl sie also darauf angewiesen sind, den „Familiencomputer" oder den eines Bruders zu nutzen, erscheinen sie aktiver. Während die Schülerinnen nach ihren Angaben zu 84,2% einen Computer für die Internetrecherche zur Ermittlung von Informationen für die Berufswahl nutzen, geben die männlichen Schüler an, zu 81,0% eine solche Computernutzung zu betreiben. Während also die Mädchen über den eigenen Computer bei diesem Thema Berufswahl hinausgehen, bleiben die Jungen hinter ihren Möglichkeiten sogar zurück. Die Mädchen scheinen sich auch breiter über zusätzlich zur Verfügung stehende Medienzugänge zu informieren als die Jungen, denn 88,4% der ersteren haben schon vor der Suche im Internet Informationen einzuholen versucht, aber nur 78,5% der Jungen.

Beiden ist gemeinsam, dass sie die Informationen aus dem Internet als Ergänzung zu den Informationen aus anderen Quellen brauchbar finden. Die Frage, wie hoch der Computer als Informationsbeschaffer eingeschätzt wird, stufen die Mädchen geringer ein: 14,9% Mädchen aber 21,9% Jungen halten ihn für besonders wichtig. Sind die Mädchen skeptischer gegenüber diesen Möglichkeiten? Die intensive Nutzung verspricht vermehrten Erfolg.

Bei den schulformspezifischen Unterschieden, die hier etwas vergröbernd auch als soziale Differenzierung interpretiert werden können, ist festzustellen, dass die Nutzung eines Computers für die Recherche zur Berufsinformation von Realschülern und Realschülerinnen mit 85,2% genannt wird. Hauptschüler sind weniger engagiert mit 75,0%. Doch die Hauptschüler und Hauptschülerinnen geben an, den Computer zu 53,8% als ersten Schritt auf der Suche nach diesen spezifischen Informationen zu wählen.[1]

Einflüsse des BIZ verschaffen Hauptschülern (56%) gute Ergebnisse, Realschüler finden dort nur zu 46% geeignete Beratung. Während letztere beim Surfen zu Berufswahlfragen zu 59,4% Hilfen in der Schule erfahren, geben die Lehrer den Hauptschülern nach deren Angaben zu 72,6% bei dieser Informationsmöglichkeit Unterstützung.

---

[1] Hier könnte das Problem der Informationshäufung entstehen, die wir oben – S. 47 – angesprochen haben. Dieses Ergebnis weist deshalb nicht unbedingt auf eine konstruktivere Nutzung des PCs durch Hauptschüler hin.

Da nach dem von uns zitierten Berufsbildungsbericht weniger erfolgreiche Informationssucher das Internet als reaktive Nutzungschance sehen, lassen sich aus diesem Ergebnis keine Schlüsse ableiten, die Hauptschüler seien erfolgreich beim Berufswahlsurfen. Allerdings kann die Lehrerhilfe den Wert der hier gewonnenen Information durchaus aufbessern.

Die Schülerinnen und Schüler versuchen nach ihren Angaben, die wir unserer Erhebung entnommen haben, den PC durchaus auch für die Ermittlung von Informationen einzusetzen, die ihnen im Prozeß der Berufswahl zusätzlich zu den anderen Medien günstigere Ausgangschancen für eine Berufsentscheidung zu finden versprechen. Dabei sind sie zwar vorsichtig aber eigentlich offen den neuen Möglichkeiten gegenüber. Das Ergebnis dürfte für sie enttäuschend sein. Hier bleiben die Lehrer aufgerufen, ihre didaktischen Möglichkeiten einzusetzen, damit die Recherche-Ergebnisse gezielter im Sinne einer Individualisierung der Berufswahl abgerufen werden können. Diese Didaktisierung dient der bisher offenen Individualisierung der Berufsentscheidung, sie könnte darüber hinaus den Schulen das Prestige in diesen Fragen bringen, das sie bisher weniger erreichen konnte.

Schriften

Zunächst eine Anmerkung zu der Bedeutsamkeit der Informationsmaterialien, die die Bundesagentur für Arbeit als Broschüre, als Flyer oder in anderen mehr oder weniger aufwendigen Druckschriften zur Verfügung stellt. Das, was Jens Prager und Clemens Wieland festgestellt haben,[1] kann fast unverändert auf das Ergebnis unserer Untersuchung zur Wirksamkeit und Qualität der Informationsvermittlung der Druckschriften gesagt werden: „Broschüren und anderes Informationsmaterial spielen hingegen (anders als die Praktika und Gespräche mit Berufsexperten – LB) eine untergeordnete Rolle."

Anhand der Auswertung der gedruckten Materialien – den Broschüren, Flyern und Zeitschriften der Bundesagentur für Arbeit – konnten wir zwar unsere Skepsis bestätigt finden, unsere Interpretation der erhobenen Daten erlaubten jedoch keine eindeutige Aussage über diese Informationsmedien.

Wir hatten lediglich als Hauptkriterium die Kenntnis mindestens eines Titels aus den Printmedien erfassen wollen, weil wir annahmen, dass die Inhalte einer Schrift dann sich wenig verfestigt haben könnten, wenn nicht einmal entsprechende Kenntnis der Titel oder zumindest eines Titels vorhanden war.[2] Bei unseren Interpretationen mußten wir außerdem sehr gravierende Unterschiede zwischen den Schulformen feststellen. Nur 57,9% der Schülerinnen oder Schüler konnten den Namen *einer* Schrift nennen und bei der Frage nach einer weiteren Schrift haben 424 Schülerinnen oder Schüler keine Angaben gemacht.

Dass die Materialien sehr unterschiedlich in den Schulen vorgestellt, unterrichtlich behandelt und intensiv diskutiert wurden, ist offenbar die Regel. Teilweise werden die Schriften auch lediglich den Schülern ausgehändigt. Womit diese Unterschiede begründet werden, läßt sich aus unseren Materialien nicht interpretieren. Denn wenn 75% der Hauptschüler aber nur 47,2% der Realschüler sagen, diese Materialien seien im Unterricht behandelt worden, dann läßt das keinen Schluß auf die Unterstützung oder allgemeine Unterstützung der Schule diesen Materialien der Bundesagentur für Arbeit gegenüber erkennen.

Die weitere Analyse unserer Fragen über die Brauchbarkeit der Informationen aus diesen Materialien gab weitere Argumente für unsere Skepsis. 36,8% der Realschüler gaben auf diese Frage keine Antwort, weil – in bezug auf die vorangegangene Frage – sie sich an keine Schrift erinnern konnten.

Wenn dennoch 170 Schüler Urteile über die Schriften abgegeben haben, kann das lediglich auf diffuse Erinnerung zurückzuführen sein, denn diese 170 Schü-

---

[1] Prager, Jens U./Wieland, Clemens, Jugend und Beruf, a.a.O., S. 9
[2] s. dazu unsere Anmerkung in diesem Buch S. 72 mit unserer Anleihe bei Laatz, der die gleiche Annahme vortrug.

ler (von 200) hatten sich auch nicht an einen einzigen Titel der Druckschriften erinnert.
Dennoch waren die Urteile überraschend positiv, denn 40% nannten die Schriften gut bis sehr gut. Eine Gefälligkeit der Schule oder der Erhebung gegenüber, um das schlechte Gewissen wegen des Gedächtnisausfalls zu beruhigen?
Wie schätzen Sie die sachliche Qualität der Druckmaterialien ein? – lautete unsere Frage. Etwas mehr als die Hälfte – 54,6% – der Schüler insgesamt wollten mehr über den eigenen Berufswunsch erfahren und ähnlich groß war das Bedürfnis, andere Berufe kennenzulernen – 48,4%. Dieses ist – so darf man aus dem Beratungsmodell der Berufsberatung folgern – nicht wirklich auf ein Bedürfnis der Schüler gegründet. Denn die Grundnorm aller BA-Beratung folgt dem Grundsatz, die Schüler sollten mehr Informationen über mehr Berufe erhalten, gerade auch über die, deren Existenz sie bisher kaum wahrgenommen hätten. Erst aus einer Fülle von Alternativen sei eine „echte" Wahl möglich, wenn man nämlich alle die verschiedenen Bedingungen und Voraussetzungen der Berufsvielfalt kennengelernt habe. Die Schüler suchen offenbar nach diesem Informationsweg der „amtlichen" Wünsche. Nach diesem sind dann auch die Print-Medien aufgebaut. Aber aus diesen Materialien haben Realschüler nur zu 15,4% ihren Berufswunsch gefunden – 47,6% der Hauptschüler – war hier die Lehrer-Hilfe wirksam?
Berücksichtigt man, dass der eigene Berufswunsch sowohl bei den Haupt- als auch bei den Real- und Gesamtschülern überwiegend wichtig ist, dann ist das Urteil der Schüler über dieses Medium kaum ermutigend. Nimmt man undifferenziert die Antworten aller Schüler zusammen, dann urteilten 23,5% von ihnen, dass sie etwas über ihren eigenen Berufswunsch erfuhren. Über andere Berufe bekamen die Schüler zu 48,4% Informationen. Im Gesamturteil nannten 62,1% die Materialien allerdings weniger wichtig bis unwichtig.

Auch wenn der Einsatz und die Nutzung der Schriften mit der Unterstützung durch die Schule und die Lehrer verbessert werden sollte, sie werden die hohe positive Priorität, die jetzt z.B. Betriebspraktika, Berufsinformationszentren, Elterneinfluß und Einfluß der Freunde haben, kaum erreichen. Deshalb erscheint der Aufwand dieser Schriften in keinem Verhältnis zu ihrer Wirksamkeit zu stehen. Eine verstärkte Zusammenarbeit zwischen Schule und Berufsberatung könnte jedoch – wie bei den Internetrecherchen – zu besseren Nutzungschancen führen.

Auf die im Kapitel „Ergebnisse der Gegenüberstellung der befragten drei Gesamtschulen Kassel, Schenklengsfeld und Osnabrück" vorgelegte Zwischenzusammenfassung über die Gesamtschulen wird hier verwiesen. Sie werden hier nicht noch einmal wiederholt.

Abschließendes Urteil:
Das Surfen im Internet wird kaum als erster Schritt zur Informationssuche genutzt. Ohne Hilfe z.B. durch die Schule – vom Berufsberater kommt keine Hilfe – sind die Recherche-Ergebnisse weniger hilfreich. Es gibt bemerkenswerte geschlechtsspezifische Unterschiede. Die Eigeninitiative der Schülerinnen und Schüler hängt nicht allein von dem Besitz eines PC ab. Die Nutzung im Unterricht ist den Schülern nicht in allen Fällen möglich. Hilfe durch die Lehrer wird zwar gewährt, wäre aber zu einer erfolgeichen Nutzung dieses Mediums zu verstärken.

Die schriftlichen Materialien der Bundesagentur für Arbeit sind stiefmütterlich behandelt. Sie werden nicht überall systematisch verteilt, sie kommen sehr unterschiedlich an die Schüler heran. Sie werden nicht nach den individuellen Bedürfnissen der Jugendlichen in den Berufswahlunterricht integriert. Dort, wo eine entsprechende Behandlung vorgenommen wird, sind die Ergebnisse günstiger. Die Schriften werden nicht von ihren Titeln her identifiziert, so dass ein direkter Bezug einzelner Schriften und ihrer Wirkungen – mit einer gewissen Ausnahme von „Berufe aktuell" – kaum nachweisbar ist und wohl auch nach den Gedächtnisleistungen der Schüler nicht erwartet werden kann.
Da die Schriften – wie allgemein von solchen gebündelten Informationen erwartet werden muß – hauptsächlich zur Bestätigung des eigenen Berufswunsches genommen werden, ist damit auch eine sehr selektive Behandlung der Schriften bestätigt, so dass in einem eher negativ formulierten Urteil diese Schriften als wenig brauchbar von den Schülern eingeschätzt werden. Eine Einschätzung würde dann positiver ausfallen, wenn die Schulen sie zum Unterrichtsgegenstand machen würden. Eine engere Zusammenarbeit zwischen Berufsberatung und Schule und integrative Behandlung im Berufswahlunterricht käme dem berechtigten Anliegen der Schüler sicher entgegen.

Literaturverzeichnis

Albert, Hans
    Kritik der reinen Erkenntnislehre, Tübingen 1987
Beinke, Lothar
    Die Höhere Handelsschule als Teil des Bildungssystems in der Bundesrepublik Deutschland, Bad Honnef 1980
Ders.,
    Elterneinfluß auf die Berufswahl, Bad Honnef 2000
Ders.
    Familie und Berufswahl, Bad Honnef 2002
Ders.
    Berufsorientierung und peer-groups, Bad Honnef 2004,
Ders.
    Gibt es bei unseren Arbeitsämtern eine Berufsberatung? In: Weitz, Bernd O., (Hg.) Standards in der ökonomischen Bildung, Berg. Gladbach 2005
Ders./Richter, Heike/Schuld, Elisabeth
    Die Bedeutung der Betriebspraktika für die Berufswahl, Bad Honnef 1996
Ders. u.a.
    Kerncurriculum, Lernbereich Beruf – Haushalt – Technik – Wirtschaft (Arbeitslehre, Sekundarstufe I) Sowi-Online 2006
Bundesministerium für Bildung und Forschung (BMBF)
    Berufsbildungsbericht 2004
Berlepsch, P. von/Lexis, U./Wieland, C.
    Berufsorientierung in Schulen, in: Unterricht – Wirtschaft, 3/2005/23
Büchner, Peter/de Hahn, Gerhard/Müller-Daweke, Renate
    Von der Schule in den Beruf, München 1979
Deutscher Ausschuß für das Erziehungs- und Bildungswesen,
    Folge 3, 3. Aufl., Stuttgart o.J. – Erstauflage 1959
Dibbern, Harald/Kaiser, Franz-Josef/Kell, Adolf,
    Berufswahlunterricht in der vorberuflichen Bildung, Bad Heilbrunn 1974
Dostal, Werner/Troll, Lothar,
    Die Berufswelt im Fernsehen, ivb Nr. 24, Nürnberg 2004
Ebel, Heinrich
    Die ausbildungsfremde Verwendung der Ausbildungszeit – eine schriftliche Befragung von Lehrlingen über ihren Arbeitstag, in: Lempert, Wolfgang/ Ebel, Heinrich (Hg.) Lehrzeitdauer, Ausbildungssystem und Ausbildungserfolg, Freiburg 1965,
Famulla, Gerd-E.
    Berufsorientierung im Strukturwandel von Ausbildung, Arbeit und Beruf, Vortrag vor dem 2. Hauptschultag des Kultusministeriums des Landes Schleswig/Holstein, Universität Kiel, 11.10.2001

Fobe, Karin/Hartung, Uwe/Irmert, Bert
 Jugendliche zu ihren beruflichen und persönlichen Zukunftsvorstellungen, Leipzig 1994

Franz, Johannes/Meya, Heinrich
 Arbeitslehre im Unterricht der Hauptschule, 2. Auflage Bochum 1968

Geise, Wolfgang/Speer, Sandra/Bahles, Ralf
 Zum Einsatz des Internet im Berufswahlunterricht, in: Anforderungen der Wissensgesellschaft: Informationstechnologien und neue Medien als Herausforderung für die Wirtschaftsdidaktik, in: Schlösser, Hans Jürgen (Hg.) Anforderungen der Wissensgesellschaft: Informationstechnologien und Neue Medien als Herausforderung für die Wirtschaftsdidaktik, Berg. Gladbach 2004

Gerdsmeyer, Gerhard
 Polytechnische Bildung in der Sekundarstufe I, in: Schoenfeldt, Eberhard (Hg.), Polytechnik und Arbeit, Bad Heilbrunn 1978

Gerdsmeier, Gerhard/Lang, Hartmut
 Generalisierungsprobleme bei empirischen Forschungen, Anmerkungen zur Planung und Auswertung von Forschungsergebnissen bei knappen Ressourcen und instabilen Umwelten, in: Beinke, Lothar (Hg.), Die Höhere Handelsschule ..., a.a.O.

Groth, Georg,
 Arbeitslehre-Diskussion auf Umwegen, Pädagogische Rundschau, 4/1970/ 24. Jahrg.,

Grüner, Gustav
 Technische und wirtschaftliche Bildung in der Hauptschule, in: Die deutsche Schule, 1968/9

Hedtke, Reinhold
 Fahr'n, fahr'n, fahr'n auf der Datenautobahn? In: Die Gegenwartskunde, 4/1999, S. 497 - 507

Hellpach, Willy
 Die Aufgabe der Schule auf dem Gebiet der Berufserziehung und Berufsberatung, in: ders. (Hg.), Handbuch: Die Schule im Dienste der Berufserziehung und Berufsberatung, Berlin 1927

Helmund, Volker
 Die Erkundung im Wirtschaftslehreunterricht der Hauptschule, in: Beinke, Lothar (Hg), Betriebserkundungen, Bad Heilbrunn 1980

Hendricks, Wilfried
 Arbeitslehre in der Bundesrepublik Deutschland, Ravensburg 1975

Herzog, Walter/Neuenschwander, Arcus P./Bannack, Evelyne
 Berufswahlprozeß bei Jugendlichen. Internet, Forschungsprogramm Bildung und Beschäftigung NFPMR 43

Jung, Eberhard
    Arbeits- und Berufsfindungskompetenz, in: Schlösser, Hans Jürgen (Hg.), Berufsorientierung und Arbeitsmarkt, Berg. Gladbach 2000

Keiner, Edwin
    Stichwort: Unsicherheit – Ungewißheit – Entscheidung, in: Zeitschrift für Erziehungswissenschaft 1/2005/8

Kleffner, Annette/Loppe, Lothar/Raab, Erich/Schober, Karen
    Fit für den Berufsstart? Berufswahl und Berufsberatung aus Schülersicht, MatAB Nürnberg 1996

Koli, M.
    Studium und berufliche Laufbahn, Stuttgart 1973

Krafft, Dietmar, u.a.
    Perspektive Berufsausbildung, Münster 2003,

Krüger, Udo Michael
    Die Berufswelt im Fernsehen, Bielefeld 2005

Laatz, Wilfried
    Berufswahl und die Berufszufriedenheit der Lehrlinge, Bd. 3 der Hamburger Lehrlingsstudie, München 1974

Landsberg, Georg von
    Verlauf und Ergebnis von Berufsberatungsgesprächen, Frankfurt 1977

Lange, Elmar/Neuser, Heinz
    Die Berufswahlvorbereitung durch Berufsberatung und Schule: Bestandsaufnahme und Ansätze zur Weiterentwicklung, Teil 2, in: Mitteilungen der Arbeitsmarkt- und Berufsforschung 1985/3

Lütkens, Charlotte
    Die Schule als Mittelschichtinstitution, in: Zeitschrift für Soziologie und Sozialpsychologie, Sonderheft 4, Schule 1966

Luhmann, Niklas
    Politische Theorie im Wohlfahrtsstaat, München/Wien 1981

Manstetten, Rudolf
    Berufsberatungsgespräch, Trier 1975

Michel, Lutz P./Pelka, Bastian
    Die Darstellung von Berufen im Fernsehen und ihre Auswirkung auf die Berufswahl, Bielefeld 2005

Möllers, Alfred
    Neukonzeption der berufsorientierenden Bildung in der Arbeit der Hauptschule und der Sonderschule – Aufbau einer neuen Beratungskultur, Entwurfspapier, unveröffentlicht, Osnabrück o.J.

OECD Briefing Notes für Deutschland
    Are students ready for a technology-rich world? Erschienen: Internet Jan. 2006 „Education"

Prager, Jens U./Wieland, Clemens
   Jugend und Beruf, Gütersloh 2005
Dies.
   Deutsche Jugendliche blicken skeptisch in ihre berufliche Zukunft, Studie der Bertelsmann-Stiftung, Gütersloh 2005
Reuel, Günter
   Die Erkenntnismöglichkeiten von Schülern während eines Betriebspraktikums – zum Problem des analytischen Instrumentariums, Berlin, unveröffentlichtes Manuskript, gekürzt erschienen in: Die Arbeitslehre 1980, zit. bei Beinke, Lothar, Berufsorientierung im Schullandheim, Flensburg 1983,
Roeder/Pasdzierny/Wolf
   Sozialstatus und Schulerfolg, Heidelberg 1965
Schäuble, Otto, Institut für Sozialforschung
   Lehrgangsstudie 1991, Berufswahl Jugendlicher – Motive für oder gegen den Bäckerberuf, Studie im Auftrag und hrsg. vom Institut für Absatzförderung im Backgewerbe GmbH, München 1991
Schober, Karen/Tessaring, Manfred
   Eine unendliche Geschichte, vom Wandel im Bildungswesen und Berufswahlverhalten Jugendlicher, in: Materialien in der Arbeitsmarkt- und Berufsforschung Nr. 3/1993
Schreiber, Marc
   Entscheidungstheoretische Aspekte der Ausbildungs- und Berufswahl von Jugendlichen, Göttingen 2005
Seifert, Karl Heinz
   Die Bedeutung der Beschäftigungsaussichten im Rahmen des Berufswahlprozesses, in: Sonderdruck – Mitteilungen aus der Arbeitsmarkt- und Berufsforschung (Kurzfassung), 15/1982/1
Selb, Michael
   Geschlecht und Berufswahl, Frankfurt 1984
Steffens, Heiko
   Berufswahl und Berufswahlvorbereitung, Ravensburg 1975
Stratmann, Karlwilhelm
   Die Krise der Berufserziehung, Ratingen 1967
Voelmy, Willi, u.a.
   Arbeitslehre Bilanz ,72, Weinheim/Basel 1973
Vohland, Ulrich
   Berufswahlunterricht, Bad Heilbrunn 1980
Ziehfuß, Horst
   Arbeitslehre, eine Bildungsidee im Wandel, Seelze 1996
Zimmermann, Klaus F.
   Deutschland – was nun? München 2006

Anhang

Begleitbrief zur Information an die Eltern der befragten Schüler

Liebe Eltern,

Ihre Tochter/Ihr Sohn nimmt an einer Erhebung teil, die von der Landesschulbehörde genehmigt und mit der Schulleitung abgestimmt wurde. Sie dient dazu, die Übergangssituation zwischen Schule und Berufsausbildung zu erfassen. Die Befragung bleibt anonym, die Ergebnisse dienen nur wissenschaftlichen Zwecken, die Unterlagen bleiben beim Team der Befragung archiviert.
Wir wollen Sie über diese Erhebung informieren, die nur die Zeit Ihrer Tochter/Ihres Sohnes, ca. 20 Minuten, in Anspruch nehmen wird.

Mit freundlichen Grüßen

Fragebogen-Schüler

Internet-Nutzung

Liebe Schülerin, lieber Schüler,

Du stehst jetzt vor der Frage, was Du nach dem bevorstehenden Abschluß Deiner Schulzeit weiter machen kannst oder willst. Du hast dazu bestimmt schon Überlegungen angestellt, auch andere gefragt oder Dir Materialien besorgt, die auf Deine Fragen Antworten geben sollen. Dazu gehören selbstverständlich auch die Informationsmöglichkeiten mit der neuen Technik. Diese Technik kann bei der Berufsberatung genutzt werden, sie ist auch über den eigenen Computer anwendbar.

Die Nutzung des Internets kann auch durch die Schule ermöglicht oder gefördert werden. Wir möchten Deine Meinung kennenlernen: Kannst Du mit dieser Technik Informationen zur Berufswahl bekommen?

Die Befragung bleibt anonym, der Datenschutz ist gesichert, die Antworten werden nur für wissenschaftliche Zwecke gebraucht.

Bist Du Junge ☐ oder Mädchen ☐?

In welche Schule gehst Du?
☐ Hauptschule
☐ Realschule
☐ Gymnasium
☐ Gesamtschule

Wohnst Du bei
☐ den Eltern   ☐ der Mutter/beim Vater

Hast Du einen eigenen PC? ☐ ja   ☐ nein

Hast Du schon einmal in einem PC – auch wenn er Dir nicht gehört – nach Infos über Berufe gesucht?
☐ ja   ☐ nein

War der Klick im Internet der erste Schritt zu einer Berufsinfo?
☐ ja   ☐ nein

Falls Du „nein" angekreuzt hast, wo hast Du vorher Infos eingeholt?
☐ Lehrer
☐ Freunde
☐ Eltern
☐ Berufsberater
☐ im Praktikum
☐ im BIZ

Wie gut waren nach Deiner Meinung die Infos aus dem Internet?
☐ wichtiger als andere
☐ genauso wichtig
☐ nicht so wichtig

Waren die Infos als Ergänzung gut brauchbar für Entscheidungen?
☐ ja   ☐ nein

Verglichen mit anderen Infos, an welcher Stelle stehen für Dich Infos aus dem Internet?
☐ an erster   ☐ an zweiter   ☐ an dritter   ☐ weitere Stellen

Hast Du das Internetangebot der Berufsberatung im BIZ auch schon genutzt?
☐ ja   ☐ nein

Surfst Du lieber am eigenen PC oder in der Berufsberatung?
☐ eigener PC   ☐ Berufsberatung   ☐ beide gleich

Bekommst Du im Arbeitsamt Hilfen zum Surfen?
☐ ja   ☐ nein

Helfen Dir die Berufsberater/Beraterinnen in der Berufsberatung beim Surfen?
☐ sehr   ☐ weniger   ☐ kaum   ☐ gar nicht

Gibt es Hilfen zum Surfen in der Schule?
☐ ja   ☐ nein

Wenn ja, ist dieses hilfreicher als im Arbeitsamt?
☐ ja   ☐ etwas   ☐ nein

Ist das Surfen in Unterrichtsstunden/Berufswahlunterricht möglich?
☐ ja   ☐ nein

Es gibt nun noch weitere Möglichkeiten, die die Berufsberatung zur Verfügung stellt. Wir möchten hieraus die Druckschriften für unsere Fragen auswählen. Hier möchten wir Deine Erfahrungen erfassen, die in diesem Rahmen der Berufsberatung gemacht werden.

Diese Materialien werden in die Schulen geschickt oder z.B. im BIZ gelesen oder auch mitgenommen.

Wenn Du Dir überlegst, was Dir schon einmal für Informationen zur richtigen Berufwahl bekannt geworden sind, was fällt Dir da als erstes ein? Schreib bitte den Namen der Schrift auf.

Wenn Du weiter überlegst, welche Druckschriften der Bundesagentur sind Dir noch im Gedächtnis?

Bitte beurteile die erste Schrift, die Du genannt hast. Sie war
☐ sehr gut brauchbar
☐ gut brauchbar
☐ weniger gut brauchbar
☐ gar nicht brauchbar

Woher hattest Du die Schriften?
☐ vom Lehrer
☐ von der Lehrerin
☐ vom Berufsberater
☐ aus dem BIZ
☐ andere Quelle

Wurden die Schriften, die Dir der Lehrer/die Lehrerin gab, im Unterricht behandelt?
☐ ja ☐ nein

Hast Du Deinen Berufswunsch nach diesem Material gefunden?
☐ ja ☐ nein

Wie wichtig waren die Materialien?
☐ sehr wichtig ☐ weniger wichtig ☐ nicht wichtig

Was war besonders wichtig?
☐ andere Berufe kennenzulernen
☐ mehr über meinen Berufswunsch zu erfahren
☐ einen Ausbildungsplatz zu finden
☐ wie lange die Ausbildung dauert
☐ was ich verdienen werde
☐ ob ich später im Ausbildungsbetrieb weiter arbeiten kann
☐ nichts davon

Waren die Schriften verständlich für Dich?
☐ gut ☐ weniger gut ☐ kaum ☐ gar nicht

Wir danken Dir für Deine Antworten ganz herzlich und wünschen Dir für Deine Berufswahl viel Erfolg!

gez. Dr. Lothar Beinke

Lothar Beinke

Berufswahl und ihre Rahmenbedingungen
Entscheidungen im Netzwerk der Interessen

Frankfurt am Main, Berlin, Bern, Bruxelles, New York, Oxford, Wien, 2006.
168 S., 7 Tab.
ISBN 978-3-631-54760-1 · br. € 29.80*

Einen Beruf lebenslang auszuüben, beruht auf Voraussetzungen, die in der Gegenwart kaum noch als richtig akzeptiert werden können. Deshalb erhält die Berufswahl heute ein besonderes Gewicht. Bereits vor mehr als 40 Jahren war die volle Lebenserfüllung nur durch den Beruf zur Ausnahme geworden. Mehr als einen Beruf im Leben auszuüben, charakterisiert die Berufswahl als Prozeß bis zum lebenslangen Lernen. In diesen Prozeß greifen nicht mehr die Berufstraditionen der Eltern ein. Der Beruf ist vielmehr ein Konstrukt der Umwelt, der sich den Verhältnissen anpassen muß. In der Nachkriegszeit begannen die Strukturen der Wirtschafts- und Arbeitswelt Einfluß auf Bildung und Ausbildung zu nehmen.

Aus dem Inhalt: Berufe – Berufswahl · Geschichte der Berufswahl und ihrer Beratungsinstitutionen · Berufswahl als spezifisches Rollenverhalten und Informationsverarbeitung · Berufsorientierung in der Schule · Berufsvererbung · Berufsberater

Frankfurt am Main · Berlin · Bern · Bruxelles · New York · Oxford · Wien
Auslieferung: Verlag Peter Lang AG
Moosstr. 1, CH-2542 Pieterlen
Telefax 00 41 (0) 32 / 376 17 27

*inklusive der in Deutschland gültigen Mehrwertsteuer
Preisänderungen vorbehalten

Homepage http://www.peterlang.de